親が知っておきたい 学びの本質の 教科書

ドラゴン桜2×朝日小学生新聞×朝日中高生新聞

教科別編

最相葉月
坂本聰
牛瀧文宏
岩政大樹
伊藤賀一
宝槻泰伸
村山斉
福岡伸一
関正生
髙橋一也
工藤勇一

朝日学生新聞社

親が知っておきたい学びの本質の教科書

教科別編

はじめに

最新の受験、学習情報を取材

初めてお目にかかる人もいるだろうから、自己紹介しておこう。

桜木建二だ。弁護士をやっている。

つぶれかかっていた龍山高校の再建を請け負って以来、教育の世界にも身を置いてきた。現在は同学園の理事もしている。

我が校の方針は明快だ。生徒たちに示す目標はただひとつ。

「東大へ行け！」

戦後の日本は昔もいまも学歴社会。大学受験を中心に世の中が回っている。ならばその最高峰たる東大に入って、世の中のルールをつくる側に立つべし。これを基本の考えとしている。

俺が来たころの龍山高校は、学力レベルが極めて低かったものだ。東大合格者を出すなんて夢のまた夢。一生かかっても無理だといわれたが、就任して1年で合格者を出してやったぞ。

いったいどんな手を使ったのか？　何も魔法をかけたわけじゃない。情勢を正しく判断し、やるべきことをちゃんとやりさえすれば、東大に入ることなんて簡単なのだ。

ただし、指導する側は楽じゃないぞ。生徒に最良の学習を届け、目標を達成させるために、常に研鑽を積まなければならない。俺は受験や学習について最新の知見を求めて、人知れず取材・調査・研究をし続けてきた。

その成果を、特別にこの本で紹介してやろうと考えている。

子と親が力を合わせて「教育改革」に対応せよ！

いま小学校・中学校・高校へ通っている子どもたち、そしてその親の世代は、このところ社会や時代の動きで気になることがあるんじゃないか？

そう、「２０２０年の教育改革」のことだ。大学入試の改革を柱にして（ほら、ここでもやっぱり大学受験を中心にものごとが考えられているではないか！）、これから求められる学力がガラリと変わるといわれているな。

これまでの教科別・知識詰め込み型の学習から、教科の枠を超えた総合的な学びが重視されるようになる。そこでは思考力、判断力、表現力を伸ばすことが求められている。

この方針に、是非の意見はいろいろあろうが、いずれにせよ大きな変化が起こることだけはまちがいない。ならば、対応しないわけにはいかないな。来たるべき変化に向けて、俺が仕入れた役立つ情報を、惜しみなく提供してやる。教育改革と、これからあるべき学びに乗り遅れないために、知っておいてきっと損はないぞ。

新しく求められるようになる学力とはどんなものか、これから教科別にじっくり見ていこう。各教科とも、その道の第一線で活躍する人に直接取材して、知見をたっぷり教えてもらってきた。それらをすべて披露するから、ぜひ家族みんなで共有して、これからの「学び」に対応する一助にしてくれ！

龍山高等学校理事　桜木建二

東京大学本郷試
2020年に
大学入試制度が
大幅に変わるんだよ！
のんびり構えてて
全く新しい
入学試験のもとで
生徒を合格させることが
できると思ってんのか！
科
行動する
ヤツだけが
勝つ！

「ドラゴン桜2」から

目次

1時間目 国語

ノンフィクションライターから、親子で読み書きの方法論を学べ！
最相葉月（ノンフィクションライター）……010

「国語力」の正体を見極めろ。それは理解し、比較し、表現できる力だ！
坂本 聰（考学舎代表）……032

2時間目 算数

小2をどう乗り切るか。算数・数学を伸ばすポイントはそこに！
牛瀧文宏（数学者）……048

元サッカー日本代表のプレーを支えたのは、数学で培った論理力だ！
岩政大樹（元サッカー日本代表、サッカー解説者）……074

3時間目
社会

社会こそ、これからの最重要能力たる「読解力」を伸ばす教科だ！
伊藤賀一（プロ講師・社会科）……094

「興味開発」さえしておけば、学力の成績なんて気にする必要なし!?
宝槻泰伸（探究学舎代表）……110

4時間目
理科

日常に潜む身近な興味・関心を「理科的思考」へ接続させるんだ！
村山斉（物理学者）……130

文系と理系を超えたところに、これからの「学び」はあるんだぞ！
福岡伸一（生物学者）……148

5時間目
英語

英語学習は「まちがい」「知られていないこと」だらけだった！
関 正生（スタディサプリ・英語講師）……168

教科のつながりを見つけろ。そのためにアクティブラーニングがある！
髙橋一也（工学院大学附属中学校・高等学校　中学教頭）……186

6時間目
HR

理想と目標を明確にして進めば子どもは変わる。実践例から学べ！
工藤勇一（千代田区立麹町中学校校長）……206

1時間目

国語

ノンフィクションライター
最相葉月

考学舎代表
坂本 聰

ノンフィクションライターから、親子で読み書きの方法論を学べ！

ノンフィクションライター
最相葉月

最相葉月
1963年、東京都生まれ、兵庫県育ち。関西学院大学法学部卒業。会社勤務を経て、ノンフィクションライターになる。精神医療、生命科学、教育などをテーマとしている。主な著書に、『絶対音感』『星新一　一〇〇一話をつくった人』『セラピスト』『東京大学応援部物語』（いずれも新潮文庫）、『理系という生き方　東工大講義　生涯を賭けるテーマをいかに選ぶか』（ポプラ新書）などがある。

真の国語力を養う最良のテキスト

2020年の教育改革によって、大学入試の方針は大きく変わる。ひたすら暗記をするような知識偏重の学力はもはや通用せず、思考力・判断力・表現力がいっそう重視されるようになるのだ。

思考し、判断して、表現する。そう聞くとなんだかたいへんそうだが、心配するな。要するにこれは、小・中・高の時期に、「学びの基礎」をしっかり押さえましょうという話だ。難しくてややこしくなるわけじゃない。むしろ基本に立ち返ろうという宣言であると考えていい。地に足をつけて進んでいくぞ。

さて、ならばこれから必要とされる基礎力とは何か？

それはズバリ、読み書きの力だ。

文字によるインプットとアウトプットに習熟すること。それが読み書きの能力の正体だが、およそあらゆる知的な営みは、読み書きの力がベースとなっている。教育改革によっていっそう求められるのは、この知的な営みのための基礎力というわけだ。

「読み書きの力＝真の国語力」といってもいいだろうな。それが身についてこそ、取り入れた知識をもとに思考し、判断し、表現することができるようになる。

では、これから必須となる真の国語力を養う第一歩として、最良のテキストになる本を教えてやろう。これだ。

『調べてみよう、書いてみよう』（講談社）。小学校高学年から中学生向きノンフィクションシリーズ「世の中への扉」の一冊である。

小中学生向きと銘打ってあるからってナメるんじゃないぞ。中高生はもとより大人にも、非常に役に立つ。だまされたと思ってまずは手に取ってみろ。

「ドラゴン桜」パート１から

あらゆる教科で必要な「ノンフィクションを書く力」

著者の最相葉月さんは、たくさんの著作を持つノンフィクションライターだ。『絶対音感』『星新一　一〇〇一話をつくった人』『セラピスト』（いずれも新潮文庫）、『青いバラ』（岩波現代文庫）といったタイトル、見覚えのある人も多いんじゃないか？　当代随一の書き手みずから、「ノンフィクションを書く方法」を丁寧に紹介してくれるのがこの本だ。

最相さんは冒頭でノンフィクションというものを、小説のようなフィクションと区別して、こう定義している。

「自分で見たり聞いたりしたことや体験したことを、作り話を交えずに自分の言葉で表現すること、あるいは、そのようにして書かれた作品を指します」

（第一章「調べる力と書く力」から）

ここで気づいてほしい。作文、小論文、研究レポートなどなど、学校ではあれこれ「書く」ことを課されるだろう。それらのお題は、ほぼノンフィクションだ。国語にかぎらずあらゆる教科において求められるのは、「ノンフィクションを書く力」なんだ。

ことは学生時代にとどまらない。大人になり、仕事をするようになってもまったく同じ。報告、レポート提出、プレゼン発表などなど、大人のほうがよほど「ノンフィクションを書く力」を日々問われている。

これはもう、現代を生き抜くのに必須の力といっていいだろう。『調べてみよう、書いてみよう』には、だれにとっても必須のノンフィクションの具体的な書き方が、丁寧に指南してあるのだ。

主題の見つけかた

２００９年に創設され、現在も続いている「北九州市子どもノンフィクション文学賞」で、最相さんは第１回から選考委員を務めている。この賞のキャッチコピーは、「見て、聞いて、調べて、考えた　ほんとうにあった話」だ。

そこで出会った子どもたちの作文を例に取りながら、調べかた、思考の深めかた、書きかたのイロハを説いているのが『調べてみよう、書いてみよう』の構成となる。

第一線で活躍するノンフィクションライターが教えてくれるゆえ、内容は極めて実践的。いざ文章を書いてみようと思ったとき、まず何をどうしたらいいのか、とっかかりが見つからず途方にくれることは多いだろう？　ここには最初にするべきことがらが、ちゃんと明記してある。

それは、「テーマを決める」こと。本書に最相さんはこう記している。


「テーマとは作者が強く言いたいこと、うったえたいことをいいます。テーマさえ決まれば作品の半分は完成したようなものだと私は思っています」（第一章「調べる力と書く力」から）

なるほど、とにもかくにもまずはテーマを探せばいいのだ。そうすれば、書ける。

ただし、だ。そんなに強くいいたいことなんて、自分にあっただろうか……。そうとまどったりもしそうだ。そこで本書ではテーマの見つけかたについて、こんな導きをしてくれる。


「あなたには知りたいことがありますか？　人に伝えたいことがありますか？　会って話を聞いてみたい人はいますか？　記録に残しておきたい体験はありますか？

もしすぐに思い浮かぶならば、あなたはとてもラッキーです。それがあな

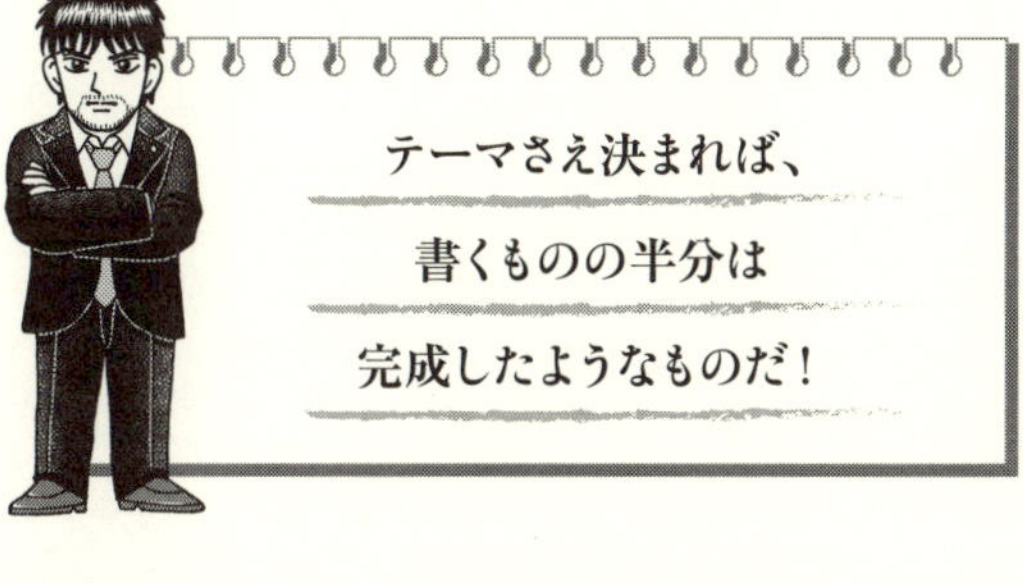
テーマさえ決まれば、
書くものの半分は
完成したようなものだ！

たのテーマです」（第二章「テーマを決めよう」から）

それでも思い浮かばなければ、記憶をたぐる、身近な人のことを思い浮かべる、本や資料を読んでみるといった手立ても考えてみればいい。

まずは身の回りを見渡してみよう

実際にプロの書き手も、同じような過程を経て作品をつくっているのだろうか。まずはテーマありき、というのは、数々のノンフィクション作品を書いてきた経験からいえることなのだろうか。最相さんご本人に聞くと、

「そうです、少なくとも私はテーマがないと書けません。目的地がなければ、どちらの方向にどう歩いていけばいいかわかりませんからね。

ただし書きたいテーマって、いつでもそんな簡単に見つかるものではないのも、また事実。私自身いつだってテーマを探しているのに、ほとんどの日はそれを見いだせず、ただただそうなっています。

人と会ったり映画を見たり本を読んだり、目の前の仕事をしたりと日常を過ごしながら、あるときふとテーマに出合うことを待ち望むしかないんです

よね」

そうか、絶えず探していて、ようやくたまに出合えるのがテーマというものなのだ。最相さんのように、ひとつの作品を生み出すためのテーマ探しをするとなれば、なおさらそう簡単にはいかぬだろうことは想像できる。

読み書きの力を養うトレーニングのためのテーマ探しならば、少しハードルを下げてもいいだろう。周りを見渡して、いちばん興味が持てそうなものを選んでみるのだ。壮大なテーマに挑むのもいいが、まずは小さい謎、近場の目的地を見つけてみるのがいい。

テーマを決めたら自分を信じて書き進めよう!

ノンフィクションの文章を書くには、まずテーマを決めること。そう最相さんはいうが、ここでひとつ心配ごとが湧いてくる。

自分の選んだテーマが、どうもパッとしないように思えるときはどうすればいいだろうか。ものを書き慣れていない者からすれば、これって書くに値するほどのことだろうか?と、自信が持てなくなってしまいそうだ。

最相さんはいう。

「そこは、その人の気持ち次第。そもそも、あらかじめいいテーマ、ダメなテーマという基準なんてありませんしね。そこへ向けてなら自分が歩いていける、そう信じられるものならいいんですよ。

テーマをどこから探せばいいのか迷ってしまう若い世代に、ひとつアドバイスできるとしたら、親や大人が少しも疑問に思っていないものごと、それを改めて見直したり考えてみたりするといいのでは？

大人はどうしても常識にとらわれて、せっかく身近にある大事なことを見落としがち。そこをあなたたちの新鮮な目でチェックしてみれば、きっと発見がありますよ。

逆に大人の側が気をつけるべきは、子どもが見つけた意外なテーマを、常識という観点に照らして『そんなのダメでしょう』などと決めつけたり、排除したりしないこと。

大人が『何それ？』と思うわけのわからないものほど、掘り下げるとよく膨らむテーマだったりします。大人がするべきは否定ではなく、『へえ！』『それ、やってみれば』と驚き背中を押してあげることです」

コピーは自分を見失わないための道しるべ

自分なりのテーマを見つけられたら、次なる手順は、テーマにキャッチコピーをつけることだ。それは、

「自分がなぜこのテーマに取り組むのか、何を知りたいのか、何を目指しているのかをはっきりさせるためです」（第二章「テーマを決めよう」から）

テーマに沿って調べたり書いたりと作業をしていくうちに、自分がそもそも何をしたかったのか見失いそうになることはよく起こる。そんなとき、キャッチコピーがあれば立ち戻ることができるわけだ。

キャッチコピーのつけかたは、

「最初にテーマを見つけた時に知りたい、聞きたい、体験したいと思ったことをそのまま書けばいいのです」（第二章「テーマを決めよう」から）

例として最相さんは、著書『東京大学応援部物語』（新潮文庫）を挙げている。東

大応援部の学生たちを取材したノンフィクションだ。

東京六大学野球の東大対早稲田の試合を見にいくと、0対19というスコアになった。それでもスタンドに陣取った東大の応援部の学生たちは叫んでいた。

「絶対に！　逆転だ！」

正気なのか？と応援部に興味を持ち、取材しようと決意したそうだ。

最相さんが「東京大学応援部」というテーマに対してつけたキャッチコピーはこうだ。


「なぜ彼らは応援し続けるのか」


そう、この言葉があれば、取材を重ねていっても初心を忘れることはなさそうだな。

キャッチコピーをつけたら、次には企画書を書こうと最相さんは説く。精密なものである必要はなく、大まかな見取り図をつくるぐらいの気持ちでいい。これが書ければ、テーマに沿って何を調べ、取材すればいいかがぐっと具体的になっていくはずだぞ。

企画書に盛り込む項目は、次のようなもので十分だ。
・タイトル

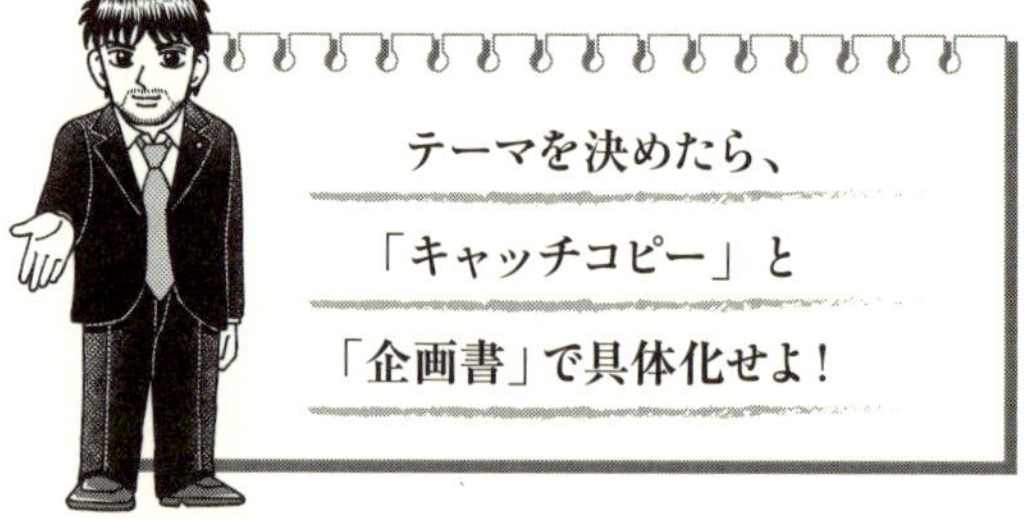
テーマを決めたら、
「キャッチコピー」と
「企画書」で具体化せよ！

・テーマ
・キャッチコピー
・テーマを選んだ理由
・話を聞きたい人
・使用する資料
・知りたいこと、調べたいこと、伝えたいこと

書く際に欠かせない「調べもの」

企画書が完成すれば、テーマや知りたいことははっきりとしたはず。ここから調べものをどしどし進めていくんだ。

調べる方法と聞いて、どんなものが思いつく？　インターネットで検索する、現場に行ってみる、対象を観察する、事象を体験する……。

もちろんどれもアリだが、『調べてみよう、書いてみよう』では基本を、本で調べることに置いている。

まずは国語辞典や百科事典で基礎を押さえて、そこから該当ジャンルの入門書、さらにはできれば専門的な書籍に挑戦することを勧めているぞ。

いまの時代はインターネットが圧倒的に便利であって、これを使わない手はな

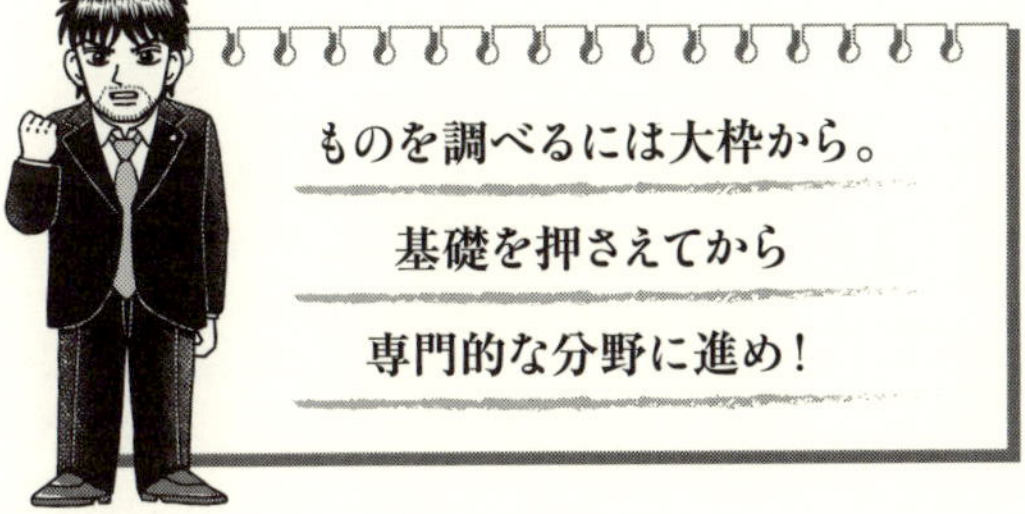
ものを調べるには大枠から。
基礎を押さえてから
専門的な分野に進め！

いのだが、情報が正しいかどうかなかなか確証が得られない点は、よくよく気をつけなければならないんだ。

できるだけ発信元が確かなサイトを参照することを心がけておけ。新聞社や出版社のニュースサイト、省庁や図書館、企業、大学、研究機関などの公式ホームページだったら信用が置けるだろう。

本についても、同じテーマを扱ったものを複数読むことは大切だ。偏った見方に陥るのを防ぐとともに、すでに知られている知識はひと通り目を通して、そのうえで自分が何をいえるかを考えるべきだからだ。

最相さんはこういう。

「ある人物についてノンフィクション作品を書くのなら、その人の伝記、評伝の類で世に出ているものは、すべて読まないといけません。そこに載っていないことを書かないと意味がありませんから。

子どものうちはそこまで突き詰めなくてもいいでしょうけど、たとえば歴史上の人物について書くのなら、学校の図書室にある関連の本はすべて読み通すくらいはしたほうがいいでしょうね」

あなただけの宝物「調べノート」

調べものを進めていく際には、ノートを一冊準備しておくのも忘れないようにすべし。本を読むにしろインターネットを眺めるにせよ、とにかく一冊のノートに得た情報、知識を放り込んでいくんだ。

「集めた情報を記録した『調べノート』はあなただけの宝物です。企画書の段階ではまだぼんやりしていたこと――誰に会い、どんな質問をするか――といったことも、調べているうちに浮かんでくるでしょう」（第三章「さぁ、調べよう」から）

すべてを詰め込んだ自分だけのオリジナルノート。それを繰り返し見返すことが、ノンフィクションを書くうえで、進むべき方向を指し示す道標になってくれるわけだ。

質問事項の立てかたと話の聞きかた

続いてするのは、人に会って話を聞くこと。そして、得た情報を生かして文章にまとめることだ。

「人に会って話を聞く――。
これほどドキドキすることはありません。そして、これほどわくわくすることはありません」（第四章「人に会って話を聞こう」から）

『調べてみよう、書いてみよう』で最相さんがそう述べるように、インタビューはノンフィクションを書くにあたってのクライマックスだ。チャンスがあればぜひ実行してみるといいだろう。

人に話を聞く前には、なぜ自分がそのテーマを選んだのか、何を書きたいのかを再確認して、「調べノート」も読み返し、聞きたいことを頭に入れて臨むんだ。

本書には次のような、話を聞く際の留意点も列挙されているからぜひ参照すべしだ。

・ふだん人と対するときと同じように相づちを打つこと。

・驚きや気づきがあれば「おもしろいですね」など、素直に感情を表現する。
・新たな疑問が頭に浮かんだら、遠慮せずその場ですぐ聞く。
・よくわからなければ、躊躇せずに問い直す。
・相手の口調、服装、雰囲気などで気になることがあったらメモしておく。

プロでも毎度、緊張します

ときに、会って話を聞くことは「ドキドキ」で「わくわく」であると本書には記してあった。だが、長大な名作ノンフィクションを幾冊も書いてきた最相さん本人は、さすがにもう緊張などしないのでは？

「いえとんでもない。いまだに毎回緊張しますよ。治しかたがあれば教えてほしいくらい。でも、そんな緊張感があるからこそ、いつまでも取材でわくわくできて楽しいのかもしれませんね」

インタビュー時の話の引き出しかたには、何かとっておきのテクニックがあったりはしないだろうか。

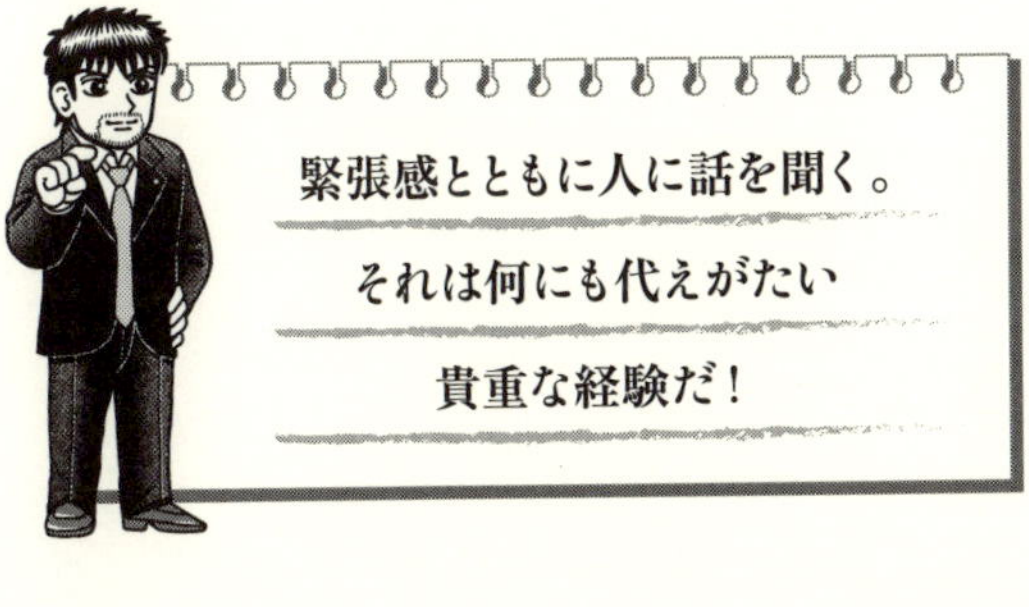
緊張感とともに人に話を聞く。
それは何にも代えがたい
貴重な経験だ！

「それもないですね。こうすれば、絶対にすらすら話をしてもらえる。そんな特別な方法は、見たことも聞いたこともありません。誠意を尽くすということくらいしか、私にはやりかたが思いつきません。

ただ、人として当たり前の礼儀作法はもちろんいつだって必要となります。あとは熱意が通じ、うまく幸運が訪れれば、相手の心の扉が開くこともあり得るでしょう。

そのあたりはテクニックなんかの問題ではなくて、人間性のようなものに左右されるということではないでしょうか」

伝えたいことを明確に、読み手を意識して

本などを読み込み、調べを尽くして、インタビューまでして、材料は出そろった。あとは文章にまとめるのみとなる。

ここで肝に銘じるべきは、

「文章を書くこととは、自分以外の第三者にあなたのいいたいことを伝えることです」

と、『調べてみよう、書いてみよう』では述べられている。

だから、

「伝えたいことのない文章では相手の心に届かないのです。書く前にもう一度、自分が一番伝えたいことが何かを確認しておきましょう」

そして、

「どんなに長い文章でも、伝えたいことは一つあればいいのです」（第五章「さあ、書いてみよう」から）

とも説く。

そのうえで、書き進めかたを次のように指南する。

・これまでに得た材料の中から、原稿に書きたい内容を選び出し、箇条書きでできるだけたくさん並べる。

・わかりやすく、盛り上がるように事柄の順序を並べ替える。その際には「ふーん、それで？」「結局はどうなったの？」など頭の中で「自分つっこみ」をするとうまくいく。

・人の興味を引くように、書き出しには凝ること。

ふむ、これらを踏まえれば、ずいぶん書くことがはかどりそうだ。ノンフィクションの文章を一本書き上げるころには、自分の思考力・判断力・表現力がまちがいなくレベルアップしていることに気づくはずだ。

つまりは、書くことで、ゆるぎなき真の国語力が身につけられるんだ。

読んでくれる人の存在が「書く原動力」になる

本書の最終章では、せっかく取り組み始めた「書くこと」を途中で投げ出さないために、書く原動力になるものを教えてくれている。

「何をどう書けばいいのかわからなくなったら本を読んでください。読んで読んで読みまくってください。

ノンフィクションでも小説でも漫画でもなんでもかまいません。その蓄積があなたをきたえてくれるはずです」

読んでくれる人のことを思え！
それが書く力アップの秘訣だ！

「読んでくれる人がいること――。それにまさる喜びはなく、それこそが作品を書き上げる原動力なのだと思いました」（第六章「書くことの意味って」から）

人は読んだから書くのだし、読んでくれる人がいると信じればこそ、書けるのだ。「読む」と「書く」は一体となって、人の知力を、いやもっといえば人間力の基礎となってくれる。

読み書きの流儀を教えてくれた最相さんに、ここで改めて問いたい。音の世界、SF作家の生涯、生命科学、精神医療などなど。これほど多岐にわたるテーマを掲げて書くことを続けてきた、その原動力はいったいどこに？　いつも何をめざして書いているのだろうか？

「いろんなテーマを扱っていると見られがちですけど、自分の中ではどれもはっきりとつながっています。いつだって、ものごとの本当はどうなのか、ということを知りたくて動いているだけなので。

なぜ人は絶対的なものを求めるのか、この世にない色を求めるのか、人の心はなぜこんなかたちかなど、似たような大きな問いが、どの作品を書くときにも根本にはある。

そう、『人間はなぜ……』という言葉に集約できるようなことを、いつだって探してきただけなんです」

読み書きを通して何かを知ること・学ぶことは、生涯をかけて追求するに足る行為なのだ。学校の成績や受験のためというだけじゃなく、もう少し視野を広げて読み書き力アップに取り組むことを、心から勧めたいところだ。

親はここに着目・注意せよ

ノンフィクションが書ければ、仕事も学業もレベルアップする。子とともに「作品」を一編、仕上げてみろ！

Q　学びの本質って何だと思いますか？

A　自分自身の無知を知り、器に新しい水や栄養を注ぎ続けることではないでしょうか。器の中身は玉石混交ですが、時とともに自分なりの土台ができていきます。その土台は決して堅牢ではなく、どこかでひっくり返されるかもしれませんが、それもまたおもしろいと思える柔軟性を持つことが大事です。そんな学びのための第一歩は他者の声に耳を傾けることです。聞く耳があって初めて対話が生まれます。

最相葉月さんがすすめる1冊！

「ヤノマミ」
国分拓
（新潮文庫）

奥アマゾンの原住民・ヤノマミ族の村に滞在したNHK取材班の記録です。文明社会に生きる者の価値観や常識は根底から覆されます。ヤノマミ族は人が死ぬと名前を忘れて死者の話はしません。獲物は均等に分配しますが、胎児がいたら食べずにそのまま土にかえします。出産にまつわる慣習は部外者には到底理解できないものです。彼らにもグローバル化の波は押し寄せ、村の消滅は時間の問題。多様性を語る前に読んでほしい一冊です。同じ著者の『ノモレ』（新潮社）もぜひ。

「国語力」の正体を見極めろ。それは理解し、比較し、表現できる力だ！

考学舎代表
坂本 聰

坂本聰
1972年、東京都生まれ。一橋大学商学部卒業。大学やサラリーマン時代に、「思考力」「コミュニケーション力」の重要性を痛感する。99年、国語指導をベースにした現代の寺子屋、考学舎を設立。高校在学中にベルギーに留学した経験などをふまえ、独自のカリキュラムを提供している。昭和医療技術専門学校特任教授（日本語表現法、思考法）。主な著書に、『国語が得意科目になる「お絵かき」トレーニング』（ディスカヴァー・トゥエンティワン）がある。

有効な勉強法があいまいな国語

学校の勉強や試験問題の中で、国語の長文読解ほど不思議なものはないだろう。これほど勉強法や解法、教え方があれこれ考え尽くされてきたというのに、漢字や文法以外の国語問題の対策は、「素材文、問題文をよく読みましょう」

「ふだんの読書量が勝負」

といった程度のことにとどまっているじゃないか。これはひとえに、教える側の問題だ。指導法をうまく見いだせないまま、放置していたのが原因といっていいだろう。

そんな中、国語力がつくとの触れ込みで広まっている本が一冊ある。『国語が得意科目になる「お絵かき」トレーニング』（ディスカヴァー・トゥエンティワン）だ。

著者は坂本聰さん。東京（青山、田園調布）で学習塾、進学塾、フリースクールの要素を併せ持った現代の寺子屋「考学舎」を主宰している。

あらゆる教科の基本とされる国語の力を伸ばすのが、考学舎の得意技なのだという。教室でいつも実践している学習法を、惜しげもなく紹介しているのがこの本ということになる。

タイトルの通り、お絵かきを取り入れて国語力をアップさせようというものだ。お絵かきといっても、勝手気ままに描けばいいってもんじゃない。知らない人に、絵によって何らかの情報を伝えようとするものだ。これは理にかなったかなり効果的な学習法だぞ。

「お絵かきトレーニング」に挑戦！

ちょっと試してみよう。たとえば、こんな問題が載っている。まずは、絵から文のパターン。

「次の絵を見ていない人にも伝わるように、文章で説明しましょう」

という問題文があり、続けて絵がある。画面には右上に輝く太陽、左下に雲が大きく描かれている。

この解答例はこうなる。

「青い空にさんさんとかがやく太陽と、白いよこながの雲が一つうかんでいます。太陽は右上に、雲はまんなかより少し下、左側にあります。二つの大きさはだいたい同じぐらいです。」

実際にはカラーで出題されます

どうだ、書けるだろうか？　続いて、文から絵を描いてみるパターンだ。問題文は、「次の文章を読んで、想像したイメージを絵にかきましょう」。先の解答例の文章が、今度は問題文になる。それを読んで、絵を描いてみるのだ。うまく画面を埋められただろうか。やることは単純だ。小学生以上なら、何歳でも取り組むことは可能だろう。大人もぜひやってみるといい。

実際に手を動かしてみると、「意外に頭を使うものだな」と気づくにちがいない。この脳への刺激が、学力アップに驚くほど効くのだ。

国語力を分析してみる

これら例題は初歩的な問題なので、「できない」ということはないだろうが、大人がやっても意外に手こずり、頭を使う。この疲れこそ、われわれがいかにふだん国語力を働かせたり、鍛えたりしていないかの証左だ。

坂本さんはいう。


「国語の力とは何でしょうか。それが明確になっていないから、文章読解問題をどう解くか、どう教えるかもあいまいになってしまうのだと思います。

私が考えるに、国語力とは、次の三つから成り立っています。理解力、比較力、表現力です。

ふだん私たちは、知らずに身につけた『慣れ』によって、読んだり書いたりしています。これら本来の国語力を活用せずとも、日常ではたいていなん

国語力とは何かわかるか？
「理解力」「比較力」「表現力」
なのだ！

とかなってしまいますからね。でも、それでは国語力は伸びない。やっぱり、意識的にトレーニングする必要があるのです」

「媒体変換」で「わからない」に気づく

そこで、国語力をみがく最も効果的なやりかたとして、「お絵かきトレーニング」があるというのだ。

「絵から文へ、そして、文から絵へ。私が提唱する国語のトレーニングでは、同じ内容のものごとを、文と絵の両方で表現できるようになることをめざします。

絵→文、文→絵と操作することを、『媒体変換』といいます。媒体変換を実際にやってみると、その人が、何をどこまで認識できているかが、はっきりとわかります。絵を見て読みとれなかったものは、文章に変換できませんし、文を読んで理解できなかったことは絵に描けるわけもありませんからね。つまりは、理解力がみがかれていく。

自分が何をわかり、理解できているのか。どこがわかっておらず、理解できていないのか。これをはっきり認識することは、何かを学ぶうえでの第一

繰り返しますが国語は科学です！
科学である以上合理的 論理的に解析し 帰結を導き出すのです
そこで最も重要なのは「言い換え」！
これは国語に限ったことではない
すべての教科に言えます

「ドラゴン桜２」から

歩です。

絵→文、または文→絵と置き換えていく作業とは、いわば『理解のプロセス』のレッスンです。提示された内容を小さく分解して、その一つひとつを読み解いていき、わからないところが出てきたらそこは入念に読み解き直し、すべての要素を『わかる』にしていくわけですから。

繰り返しトレーニングすれば、ものごとを丁寧に読み解いて、理解する方法が身につけられます。この方法論は、国語の読解力を伸ばしてくれるのはもちろんのこと、どんな教科の勉強にもあてはめられます。

もっといえば、大人が何か思考をするときや仕事を進めるうえでも、たいへん有用となります。小学生から年配の方まで。老若男女にお絵かきトレーニングを勧めたいゆえんです」

社会人にも有効なお絵かきトレーニング

つまり坂本さんによれば、国語力の正体とは「理解力、比較力、表現力」となる。

与えられた条件・状況を正確に把握して、判断できるのが理解力。比較力とは、経験・知識に照らして目の前のものを比較検討する力。得た知識や考えを必要に応じて、説明したり言語化したりできるのが表現力である。

これらの力のどれをも、お絵かきトレーニングで鍛えることができるというのだ。絵→文、文→絵と媒体変換するには、まず絵や文の内容をしっかり理解しなければならないし、自分の中にためてある知見と比較検討して変換しなければならない。最終的に文や絵でアウトプットする際には、表現力がモノをいう。

これら国語力の三要素をまんべんなく向上させられる方法なんて、ほかにはそうなさそうではないか。

「国語力とはいわば、みずから考える力。一生モノの能力です。国語力が身についていれば、インプットした情報を独自にとらえ直して表現することができるので、人の話を鵜呑みにしたり、情勢や流行に左右されたりせず、いつでも自分の意見を的確にまとめられます。

この能力は社会全般、とりわけビジネスの現場で強く求められるものです。それゆえお絵かきトレーニングは、就活対策として活用されたり、盛んに社員研修に取り入れられたりもしていますよ」

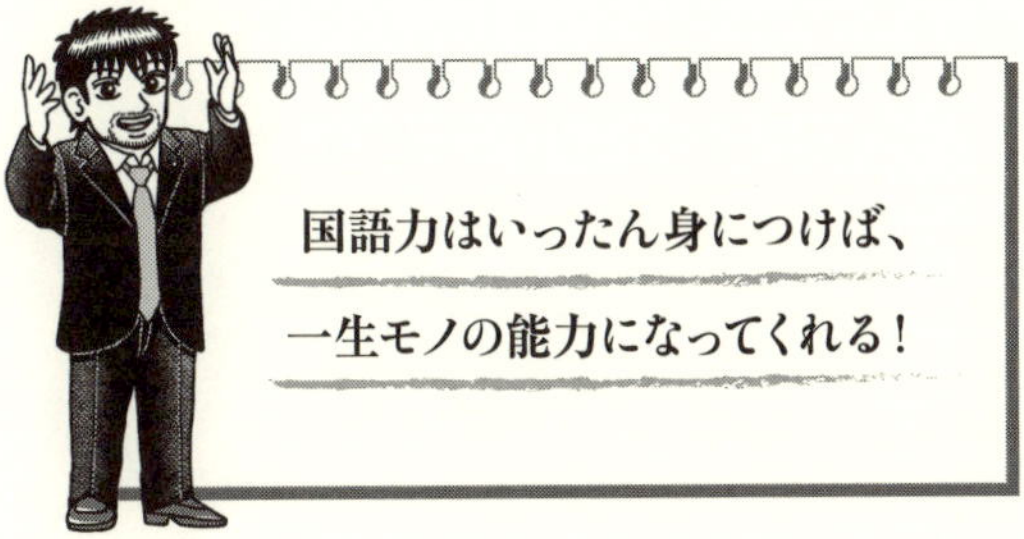
国語力はいったん身につけば、
一生モノの能力になってくれる！

国語以外の教科でも役立つ

大人への効用ばかりじゃなく、もちろん学力アップにも効果テキメンだ。国語の読解問題が得意になるにとどまらず、全教科にいい影響が出る。

「お絵かきトレーニングは、小学校中学年くらいから取り組むと進めやすいですよ。そのころというのは、国語だけでなくいろんな教科で文章題が増え始めます。これに対応できるかどうかが、勉強を進めるうえで、ひとつの壁になります。

それまでは、一問一答式に覚えたことをそのまま吐き出せば正解にたどり着けましたが、文章題だとそうはいきません。ここで問われているのは何かを文章から読みとり、解への道すじを考え、適切に表現して解答する作業なのです。

そうした文章題に対応するには国語力が必要であり、その力をみがくためのトレーニングは、小学生のころから積み上げていくべきなのです」

と坂本さんはいう。そうなのだ、学力が伸びない生徒は、じつは問題文の意味がそもそも読みとれていない。
昨今、子どもの読解力の衰えがニュースとなって話題をさらっているな。読解力が身についていない子どもとは、きっとこれまで、国語力をみがく機会がなかったんだろう。

「お絵かきトレーニングには難しいところなど一切ありません。たとえばきょう一日を過ごしてのハイライトシーンを思い浮かべて、簡単な絵にしてみます。それをこんどは文章にしてみる。日によって順序を逆にしたりしながら、しばらく続けてみてください。それだけで、飛躍的に国語力はアップします」

坂本さんのいう通りにしてみると、取り組んだあとに心地いい疲れが訪れて気分がいい。ふだんあまり使っていなかった脳の部位が活性化されるかのようで、なんだか目が覚める思いだ。

メソッド誕生のきっかけは留学

坂本さんは、いったいどんな経緯で、お絵かきトレーニングというユニークなメソッドに行き着いたのか。聞けば、原点は高校時代の体験にあるようだ。

「小中学校時代から高校1年生まで、私は国語が大の苦手でした。漢字や文法はまだしも、長文読解問題はからっきし。答えを書いてもあたるときはあたる、あたらないときはまったくダメ、つまりはあてずっぽうだったのです。

高校2年生に上がるタイミングで、1年間ベルギー留学を体験しました。帰国すると、気づけば国語の成績が上がっていました。現地の学校で授業についていくべく必死にフランス語を勉強したのですが、その方法は思えば、私がお絵かきトレーニングで提唱している内容に近かったのです」

大学へ進学して、坂本さんは経営を学ぶ。

「ベンチャー企業に関する研究などをしていました。起業した人のことを調べていて、ひとつの事実に突きあたりました。起業家は総じて読解力・思考力が高く、ものごとを噛み砕いてしっかり理解し、自分の言葉で表現する力にたけているのです。

彼らはビジョンや理念、事業内容をわかりやすく人に伝える必要がありますから、理解力・比較力・表現力、すなわち国語力が研ぎ澄まされている。とはいえ、彼ら全員が生まれつき国語力に恵まれていたとも思えません。仕事上の必須スキルとして、努力して身につけた人も多いのではないでしょうか」

お絵かきトレーニングのその先も

「自分のベルギーでの体験も結びつけて考え、ひとつの仮説に思い至りました。勉強にも仕事にも役立つ国語力は、トレーニングで大いに伸ばせるのではないか、と」

いったん就職をした坂本さんは、26歳で起業する。現在の「考学舎」を立ち上げたのだ。国語力をベースに、学びと学びの楽しさを伝える現代の寺子屋をつくりたかったのである。

現在の考学舎には小学生から高校生までの生徒が通い、総合的な思考力を養う学びを受けている。国語力を伸ばす方策としては、お絵かきトレーニングの先の学習法も、さまざまにあるそうだ。

「4コマ漫画や8コマ漫画を、ストーリーで言葉にしてみるというカリキュラムもありますし、ある文章をすべて異なる言葉で書き換えていくというものや、最後には、長文を50字程度の短文でまとめるところまで進みます。そ

勘やセンスじゃない！
国語力は日々のトレーニングで
みがくものだぞ！

こまでくれば、いつでもどこでも通用する国語力が身についたと考えていいでしょう。
　国語力をつけるのに、年齢は関係ありません。やればだれでも伸びていきます。学業や受験対策というだけでなく、少し大仰にいえば生きることをもっと豊かにするためにも、ぜひあらゆる人に国語力アップをめざしていただきたいと思っています」

親はここに着目・注意せよ

漠然と「本を読め」「問題文をよく読め」では伸びない。小さいころはとくに、具体的な国語力アップのためのトレーニングを用意し、継続するんだ！

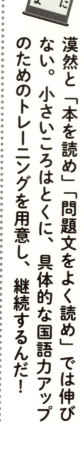

Q 学びの本質って何だと思いますか？

A 「なぜ」という疑問を持つことだと思います。

たくさんの情報にさらされる現代人は、大人も子どもも受け身になりがちです。でも、いろいろなことについて「なんで？」と聞いた幼少時代を思い出してください。同じように、社会でいま起きていることやテレビ、インターネット、教科書……、いろいろなものにみずから疑問を持ってみることが、すべてのスタートです。「今日の天気は晴れです」といわれたら、「今日は何で晴れるんだろう？」というように。

自分の知識を総動員して「なぜ？」を解決しようとすることこそが、2020年の教育改革でいわれる「知識の活用」の本質なのではないでしょうか。

坂本聰さんがすすめる1冊！

「世界のたね 真理を探求する科学の物語　上」
アイリック・ニュート（角川文庫）
＊このタイトルは下もあります

科学の入門書といわれていますが、私は、哲学の入門書でもあり、学びの入門書だと思います。本書では、世界中で真理を求めた人たちの歴史が描かれています。古代ギリシャから始まり、天文や測量、錬金術から数学まで、さまざまな発見が書かれています。さらには、彼らが真理を求めていく様子や姿勢も丁寧に描かれていて、その部分こそ、ぜひ子どもたちに学んでほしい、知ってほしいと思います。

2時間目

算数

数学者
牛瀧文宏
元サッカー日本代表、サッカー解説者
岩政大樹

小2をどう乗り切るか。算数・数学を伸ばすポイントはそこに!

数学者

牛瀧文宏

牛瀧文宏
数学者(位相幾何学)。京都産業大学理学部教授。理学博士。数学研究の傍ら、さまざまな自治体と連携して教員研修プログラムの開発をおこなうほか、高校・数学の教科書執筆にも携わる。「ドラゴン桜2式 算数力ドリル」シリーズ、「ドラゴン桜2式 数学力ドリル」シリーズ(いずれも講談社)の監修を担当。趣味はピアノ、猫と遊ぶこと。

じつは苦手意識すら抱いていない小学生が多い

「数学はからきし苦手でして……」

「根っからの文系人間なので、数字はちょっと……」

大人同士でそんな会話が交わされている場面は、よく見かけるな。

数学にアレルギーを持つ人は、世代を問わず不思議なほど多いものだ。子どもが学習を進めるうえで、最初に引っかかりを覚え、つまずいてしまうのも、どうやら算数が多いようだ。

これは放っておけない。

そこで、だ。算数・数学を担当する教員への研修や講演も数多くこなす、京都産業大学理学部の牛瀧文宏教授のもとを訪ねたぞ。

算数で決して転ばない、そして、数学的思考を身につけるための方策を教えてもらおう。

小学生の子どもたちに、算数が苦手だという様子がやたら目立つように見えるのだけれど、これはなぜなのか。そうぶつけてみると、じつは苦手意識すら抱いていない子どもが多いのだという。

「そうなんです。小学生だと、あまり危機感を持っていない子が多い。中学生あたりになると、定期試験や模試ではっきり点数と順位がつきますが、算数をやっているうちはあまり深刻に考えなかったりします。

『一応は授業にもついていけているし、テストもクリアできているから』と、なんとなくうやむやにしてしまっている。

塾などに通っていれば別ですが、学校の授業の範囲では、よくできる、できない、理解している、していない、ということが、あまり顕在化しないのです。
ただ、その苦手意識のなさが、ちょっと厄介ではあります」

習ったことを総動員して取り組む教科

というのも、算数・数学は、典型的な「積み上げ型」の教科だからだ。

「算数も、数学も、最初の単元から一つひとつきちんと理解してしっかり使えるようにしておかないと、勉強が進むたびにつらくなってきてしまいます。

前に習ったことをすべて使いながら、新しいことを学んでいくからです。

たとえば、23×36という計算をしましょうという問題があるとします。小学3年生あたりになると出される問題です。

かけ算の筆算ですが、これを解くには、『九九』を覚えていることが必要ですよね。くり上がりの計算方法も知っておかないといけない。1〜2年生のときに習うことがちゃんと運用できないと、スムーズに解けないのです。

これまでの積み上げがなかったり、あってもあやふやだったりすると、それぞれの段階でミスする確率が非常に高くなる。

ミスしないまでも、各段階のことがスピーディーにできないと、解答まで

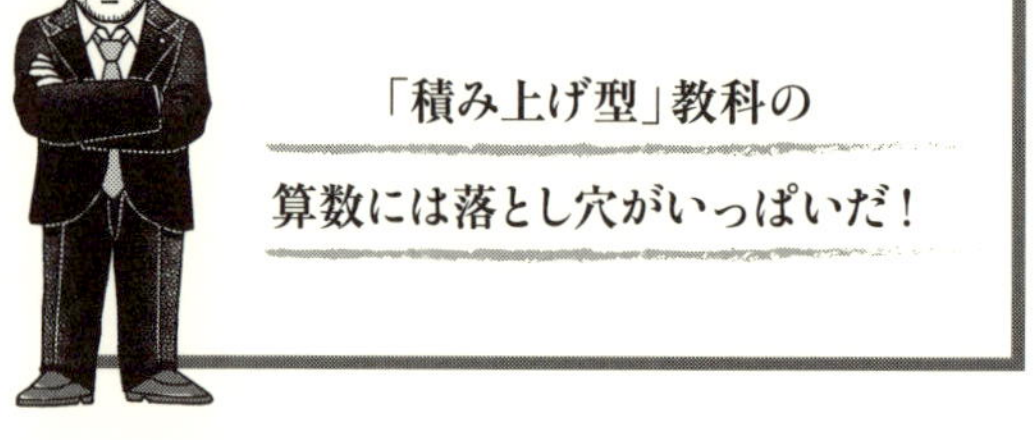
「積み上げ型」教科の
算数には落とし穴がいっぱいだ!

に時間がかかって、テストなどの制限時間内に解けないことがあります。
そうなると、もう一度足場をかため直さないかぎり、どんどん算数が苦手になっていく一方となってしまうのです」

「暗記」して数に慣れろ！

なるほど確かに、これはよく見かけるパターンだ。積み上げ型教科の算数・数学では、前段階の単元の理解があやふやだと、その先の学習全体に影響が出るというのは深くうなずける。

「やはり最初が肝心です。小学1年生の授業内容からきっちりやらないといけませんね。

1年の段階で、くり上がりやくり下がりの足し算、引き算をやりますが、そのあたりはほぼ丸覚えするくらいに繰り返し練習したほうがいいでしょう。たとえば、8＋5＝13という式は、『5』を『2』と『3』に分けて、『8』と『2』を足して『10』をつくり、そこに『3』を足して答えを導くのだと解法を教わります。

解きかたを理解するのがまずは第一歩ですが、わかるだけでは足りない。

くり上がりの足し算などは、瞬時に答えをいえるくらい覚え込まなければ。だって、われわれ大人は、8＋5くらいの計算はほぼ答えを覚えていて、すぐに13といえますよね。そうでないと、さらに複雑な計算をこなしていけません」

なんとか正解が出せる、という程度の勉強ではいけないわけだ。

「そうです。ひとつずつ技能として習熟させるのです。そうしていけば、数に対する慣れも生まれてきて、自信も生まれます。

ただの計算問題でしょう、解きかたくらい知っているよ、などとバカにしていてはいけません。繰り返し問題にあたって、数に慣れていくことを心がけましょう」

「小2」で差がつく算数

算数の積み上げにおいて、ポイントになるのは小学2年生の時期だという。

「1年生はまず、学校に馴染み、勉強の進めかたを覚える必要がありますが、

計算が「できる」だけで満足するな！
習熟し使いこなせてこそ
意味があるんだ！

2年生になるといよいよ、各教科で本格的な学習が始まります。

とくに、算数の授業内容は、2年時からぐっと増えるんです。

そして『九九』を教わるのもこの時期。そういった計算を繰り返しこなして、徹底的に慣れていくことが大切です」


九九はもちろん、基本的なくり上がり、くり下がりの計算は、丸ごと暗記していくくらいの気持ちで臨むんだ。


「そうですね。いちいち頭を働かせて計算をするというよりも、暗記する感覚です。

そうして、あらかじめ自分の中に備わっている暗黙の知識、すなわち『数学的な暗黙知』を増やしていく。

『暗黙知』が増えてくると、算数・数学についての感覚が備わっていくことを実感できますよ」


計算や数の操作を自分のものとしてマスターして暗黙知を増やしていく。それが算数上達のコツだ。

基礎を徹底して叩き込み、
数についての
「暗黙知」を獲得しろ！

バカ
バカ
小学2年生に
戻るの？

そうだ
お前たちは
小学2年生に
戻って……

算数を勉強し直せ！
マジで？
ウソッ！
バカ
バカ

小2の指導範囲では
こういった
算数の根幹となる
考え方が登場する
① 位《くらい》取《ど》り
② くり上がり
くり下がりの完成
③ 九九

特に
くり上がり くり下がりの
計算が速いか遅いかは
その後の計算力を
大きく左右する
えーと
58+16=
79+24=
25+18=
63+37=

小1で学習する
くり上がりの
足し算 引き算
くり下がりの
足し算 引き算を
小2の段階で
完成させる
にさんがろく
にしがはち
そして九九を
丸暗記する
さぶろくじゅう〜はち
ごっくしじゅう〜ご
っぱしじゅう〜はち
しちしじゅう〜

小2で
くり上がり計算と
九九を完璧に
覚え込めば
その子の中に
「数の暗黙知」が
身に付く!
4×5=20
3=14
8×3=24
19=61
3=8
9×7=63
12−3

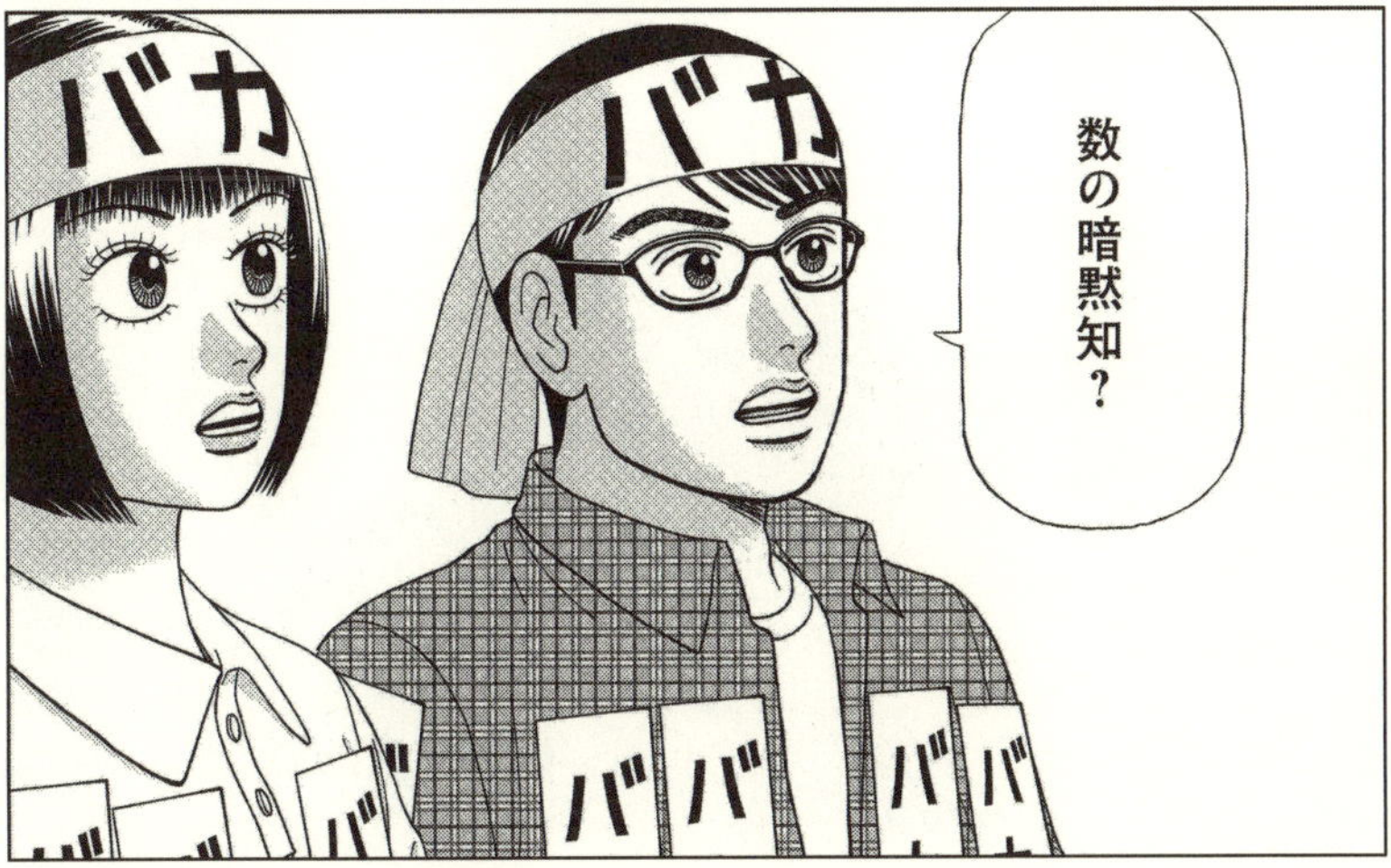
数の暗黙知?
バカ
バカ

暗黙知とは
経験的に使っている
知識だが
簡単に言葉では
説明できない
知識のこと
代表的な例が
自転車の乗り方！
自転車は一度
乗れるようになると
自然と乗れてしまう
乗る方法を
言葉で説明できなくとも
体が乗り方を覚えて
しまっているのだ

算数や数学も
これと全く同様
小2の時に
徹底的に訓練をして
数の暗黙知を
体に染み込ませる!
この時期に
数の暗黙知を
身に付けられれば
その後が
ものすごく楽!
数に対する
反応が速い!
計算や
数の操作を
自分のものにして
どんどん上達する!
これで算数 数学が
確実に得意になる!

「ドラゴン桜2」から

数の感覚が身につくと拒否反応がなくなる

算数・数学についての「暗黙知」が増えてくると、きっと前よりスラスラ問題が解けるようになって、初めて見る問題でも解法のとっかかりがすっと見つかるはずだ。そうして数の感覚をどんどん高めていけばいい。

「九九は大人ならたいてい覚えていると思いますが、これが最も基礎的な、数についての暗黙知の元になるでしょう。

たとえば、18という数字を聞いて、『この数字は2×9とか、3×6になるな』とぱっと思いつけるのも、暗黙知があればこそ。

数に関する感覚が身についていれば、ただの18という数字を眺めるだけで、2×9や3×6が頭に浮かぶのです。

これができると、小学5〜6年生範囲の分数の計算や、さらには中学校でやる因数分解に、すんなりと入っていくことができます。

小学校では、数の感覚がわかってくると、図形の感覚も得られますし、新しい問題に触れるときの抵抗感がぐっと減って、学ぶことがかなり楽になっていくはずです」

なるほど、つまりこういうことだ。小学校低学年のころの計算問題を、「なんとかできる」程度で済ませてしまうと、学年が上がるにつれ、算数・数学の問題を解くのがどんどんつらくなってくる。

早いうちから数の計算を徹底的にマスターし、自家薬籠中の物とするべきなのだ。そうすれば、数の感覚、すなわち暗黙知が自分の中に蓄積して、新しい単元や問題が出てきても苦にならなくなる。

「数字が得意」とまでいえるようになるかどうかは個人の性向にもよるが、少なくとも数に対したとき拒否反応を示したりせず、数に対して関心と親しみを持つようにはなれるぞ。

高校での理数教科や応用力にもつながる

「算数で習うのは、数の運用のしかたです。暗黙知になるくらい、これに習熟しておくと、のちのち好影響が出ますよ。

高校に入って確率の問題に取り組むときなどは、かなり大きい数の計算をします。その際には、小学生時代の計算への習熟が大きくものをいいます。

高校理科でも、物理や化学でさまざまな数値を求めます。そこでは理科への理解だけでなく、計算力によって差がつきがちなのです。

時間は5分
用意！
始め！
カチッ
カッ
カッ
答えが54だから
7に47を足す
カッ
カッ
カッ
64にするには
カッ
カッ
カッ

「ドラゴン桜２」から

数に関する暗黙知は、計算力の保証になるうえに、応用力を発揮するとき、大いに活用できる。ですから、学習が高いレベルになればなるほど、必須のものとなっていきます。

それこそ、東京大学を受験するような人たちは、みな暗黙知をしっかり備えていることでしょう」

よく東大受験の鉄則として、「基礎こそすべて」「教科書レベルの知識の徹底定着」ということが唱えられる。これは、基礎の基礎をしっかりかためて得られる暗黙知が大切だという話と一致する。

親子で取り組める「make10（メイク・テン）」

数についての暗黙知を養うのに、いい方法はないものか。勧めてもらったのは、これだ。

「make10という数の遊び。これを繰り返しやることで、確実に数の力が身につきます。

電車の切符や車のナンバープレートに書かれている4桁の数字それぞれを、

足す、引く、かける、割るの四則を使って操作して、10をつくるというもの。計算の順序を指定するカッコも使用可能です。

ひとりで考えるのもよし、家族や友だちと競争するのもよし。10をつくるためにあれこれ試行錯誤することで、どんどん数に慣れていきます。

時に、どうしても10にできない並びもありますが、本当にできないのかどうかを確かめる過程そのものも数学力になりますから、ぜひトライしましょう。

基本は+、−、×、÷と（ ）を使うのですが、さらには独自のルールを加えていってもおもしろいですよ。

2の3乗のような累乗や、平方根を使ってもいいことにするなど、新しく習った計算方法や、算数や数学の記号を取り入れていくと、学習の定着・習熟につながります」

これならルールの設定によってどの学年でも楽しめるし、大人も夢中になれそうだ。ぜひ親子で取り組む定番にするといい。

単に計算力を養うだけでなく、ものごとを考えていくうえでの概念も同時に鍛えられるのが優れたところだ。

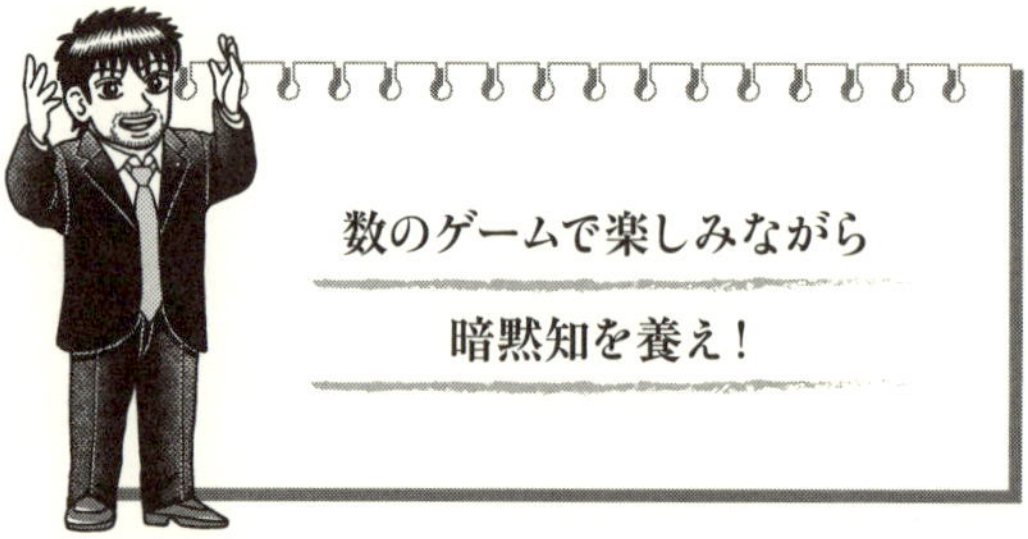

「make10がいいのは、全体と部分を同時に意識しながら考えを進められるようになることです。

10をつくるという最終的な答えや目標を常に頭に置きつつ、個別の数の性質や使いかたを見ていくというのは、脳の使いかたのトレーニングとして非常に優れています。

ぜひ、日々の生活に取り入れてください」

数のマインドマップ「メモリーツリー」

さらには、だ。暗黙知を養うのにうってつけの方法がもうひとつある。

「数のメモリーツリーをつくるのもいいですよ。どういうものかといいますと、たとえば『12』という数をテーマに設定して、そこから連想するものを書き込み、図にして枝葉を伸ばしていきます。

12という数はおもしろいんです。たくさんいろいろなものと結びつきます。12進法。1ダース。3＋4＋5という連続する数の和であること。12時。12か月。干支。十二単。キリストの12人弟子――。

こうして数について探究していくと、暗黙知は無限に広がっていきます。

数に親しみ、自在に使いこなせるようになるには、たいへん効果的です。

時代に則した数学的能力をつけることにもつながりますよ。というのも、現代はあらかじめ答えのないものにどう向き合うかが問われる時代。データの解析や計算などはすさまじいスピードでＡＩがやってくれますが、数から関係性や意味を見いだすのはやはり人間がしなければならないし、そのあたりにこそ、人間が知を働かせる必要はあります。

これからの時代に求められる力は、メモリーツリーをつくることで大いに伸ばすことができます」

本来、わかりやすくするはずの文章題が……

「make10」や「メモリーツリー」で、数の暗黙知を養うことは進めるとして、それでも実際には、算数や数学の文章題がうまく解けないという子どもは多い。そこはなんとかならないものだろうか。

「算数・数学の文章題というのは、実際の場面を想定して、文章から計算や方程式を導き出すためにも使われます。算数の段階では、新しく習う計算やその結果を理解するために用いられることも多く、本来はわかりやすいもののはずなのですけどね。

たとえば、小数の引き算を新しく教えるとします。1.8−0.3のようなものを指導したいのですが、初めて勉強する小学生としては、こんな計算があることも知りませんし、当然結果もわかりません。

そこで、これを実際の場面に落とし込んで、なるほどと納得できるようにするため、文章題にするのです。

〈1・8リットルのペットボトルから、水を0・3リットル飲みました。残りはいくらになるでしょう〉と。

こうすると、文章の構造から引き算1.8−0.3だとわかります。計算結果は、図をかいたり、リットルをデシリットルに置き換えて整数で計算したりして、1.8−0.3と1・5を結びつけるのです」

文章題につまづく子の思考プロセス

「問題として出されるときには、文章から数式を導き出すというかたちになるわけですが、この操作にとまどう子が多いのです。

そのひとつの原因としては、文章で書かれた状況や事象を、そのままたどってしまうから。

〈400グラムの肉と300グラムの肉があります。合わせると何グラムになるでしょう?〉という問題につまずいた子がいます。400＋300の計算ができないわけではないのに、です。

400グラムの肉のかたまりと300グラムの肉のかたまりを頭に描いてしまって、『それが合わさるってどういうこと?』『くっつけられそうにないけど』と考えてしまったのです。

〈チーズの成分の20％はタンパク質です。20グラムのチーズに、タンパク質はどれくらいふくまれているでしょう?〉という問題でも、『チーズのどのあたりがタンパク質なんだろう』『そんなの取り分けられない!』となってしまう子もいる。

想像力が豊かだと、かえって引っかかりが出てきてしまうこともあります。〈1000円を持って買い物に出ました。最初の店で300円のお菓子を買いました。次の店で400円のお菓子を買いました。お金はいくら残ったでしょう?〉という問題があるとします。

大人なら、1000－300－400＝300という式をすぐ頭の中に思い描くでしょう。

でも、中には、『1000円札で300円のものを買うとおつりが500円玉1つと100円玉2つになって、次に400円のものを買うなら500円玉を出して、100円玉1つのおつりがきて、ということは残りは100円玉2つと100円玉1つで、合わせて300円！』と、一つひとつ事象をたどってしまう子もいます。

買い物という一連の動作が抽象化できるかどうかが、分かれ目です。

大人は、買い物をするという行為はお金が減少する構造であるとわかっているから、引き算で統一した式をつくれますが、事象を抽象化し構造化することに慣れていない子どもは、整理した式を立てられません。

具体的な記述の動詞と形容詞を抽象化する作業をしないと、式を立ててそれを解くことはできないのです。

算数・数学の文章題においては、具体→抽象の操作をできることが、読解力と呼ばれます。

この読解力をどうやってみがけばいいかは、やはり各学年で学ぶことに習熟して、数やその関係に対する暗黙知を着々と積み上げていくことが大切になりますね」

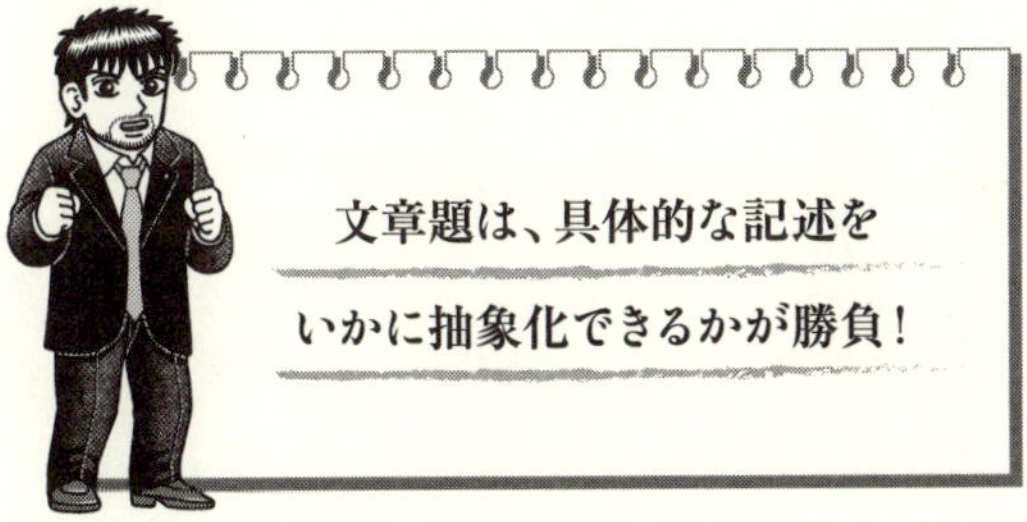
文章題は、具体的な記述を
いかに抽象化できるかが勝負！

人の上に立つなら数学的思考が不可欠

算数や数学を語ると、「そんな勉強がいったい何の役に立つの?」という疑問がついてまわるものだ。勉強したくないときの言い訳や目くらましに過ぎない面もあるが、そうした子どもの声には何と答えるべきか。

「端的にいって算数は役立ちますよね。買い物に行って『20%オフ!』と書いてあって、その意味がわからなかったら困りますし。

これが数学となるとどうか。因数分解がふだんの生活でどんな役に立つのかといわれると、確かに言葉に詰まります。ただ、こうはいえますよ。消費者でいるうちは、算数がわかれば十分でしょう。ですが、もし生産者や統率者、意思決定者になろうとするなら、数学までが必要になってきます。

数学的な論理的発想や思考法をしなければ仕事をうまく回せないでしょうし、確率や統計はビジネスや経営に直結する知識・技術です。

高校で習う微分や積分なんかにしても、いろんな使い道があって、人や組織の評価に応用可能です。

人を評価するには基本的に3パターンが考えられます。その人の現在地、

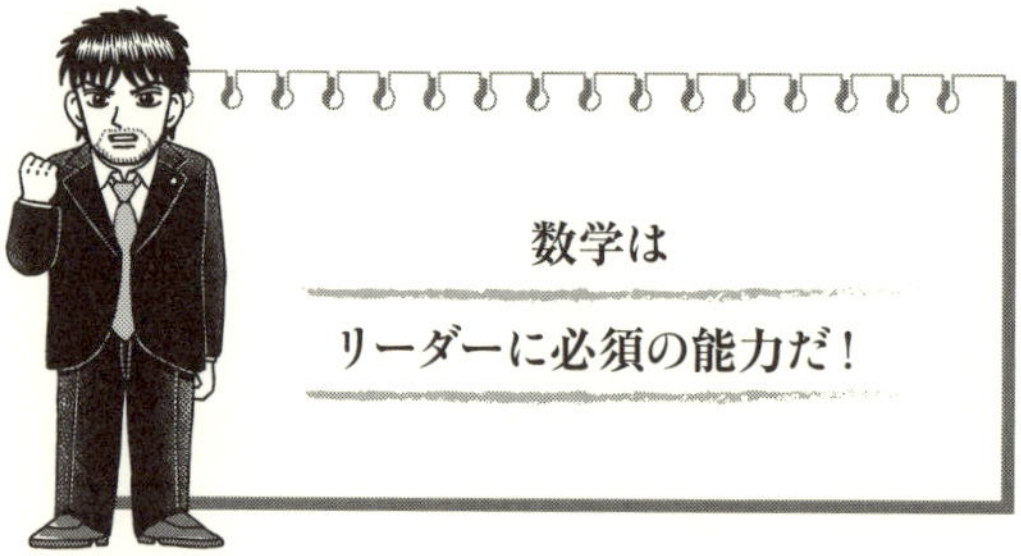

勢い、これまでの実績です。どれを重視するかで評価は変わってきますね。

微分とは、変化をとらえること。ある人物の能力やパフォーマンスを微分してグラフに示せば、この先の勢いや伸びを予測することができます。

一方、積分とは、歩んできた道のりを指すもの。ある人の実績を積分していけば、これまでの蓄積がはっきりとわかります。

ですから、人事で、会社にどんな人を配置しようかというときには、いまウチには微分で評価できる人がたくさんいるから、積分の強い人を入れようなどと分析し考えることができます。

組織も同じで、ある組織を微分・積分してみて状態を評価し、投資や融資の対象としてどう判断するかというようなことは、微積分という言葉をあてているかどうかはともかく、ビジネスの現場では常におこなわれていますね」

算数・数学が好きだと将来の選択肢の幅が広がる

算数・数学を身につけるのは、生きていくうえでも重要ということだ。それでも苦手意識が振り払えない人もいるだろう。何かかける言葉はあるだろうか?

「数学がキライという子がいるのはまぎれもない事実です。でも、数学をキライなままでいることによって、損をしていることは多い気がします。

数学が苦手という理由によって、数学を使う方面の進路や仕事をあきらめてしまう人は後を絶ちません。数学を毛嫌いしなければ、もっと自分のやりたいこと、職業や仕事の中身は広がるというのに。

人生の最初の十数年で、その先の長い人生の行き先を狭めてしまうのはもったいない。数学をあきらめてしまうのは、この先の自分に対して申し訳ないと思わないでしょうか。苦手だと思い込んで立ち止まってしまうより、もう少し数学を続けて、自分に投資をしてあげてもいいのではないですか?

少し関心を向ければ、算数や数学のおもしろさも見つけられると思いますよ。積み上げ型であり、かつ、はっきりとした答えの出る教科なので、『これはできた』『次のこれもできた』と順を追って進んでいくと、だんだんおもしろくなっていくものですから」

親はここに着目・注意せよ

「make10」に「メモリーツリー」……、ゲーム感覚で楽しみながら、「数の暗黙知」を小さいころから身に蓄えろ!

Q 学びの本質って何だと思いますか？

A 「批判的にものごとを見る目」と「課題を解決して表現する力」を身につけることでしょう。そのためには、見通しを持ってじっくり考えることと、実験、観察、観測、対話などの体験、および理解を深めるための練習をバランスよくおこなうことが必要だと思います。とくに、考えるときには比較、条件変更、一般化、具体例の作成などによって、深い学びが実現できると思います。そして、大切なのは、じっとしていないで一歩踏み出すことです。そうすることで、興味が湧くとともに理解が進み、主体的に学ぼうという意欲が生まれると思うからです。

牛瀧文宏先生がすすめる1冊！

「算数・数学の教科書全般」

みなさんが学校で使っている算数や数学の文部科学省検定済教科書はとてもいい本です。問題を解くだけではなく、内容をしっかりと理解して、自分の言葉で説明できるようにしましょう。そして、どの教科書にも、授業ではあまり使わないものの、算数・数学の進んだ内容や、学びの生かしかたが紹介されたページがあるので、ぜひ、そこを学んでください。考える力や表現力がつきます。さらに、もっと勉強したい人は、先の学年の教科書を入手して読むこともお勧めします。

元サッカー日本代表のプレーを支えたのは、数学で培った論理力だ！

元サッカー日本代表、サッカー解説者

岩政大樹

岩政大樹
1982年1月30日、山口県周防大島町生まれ。東京学芸大学教育学部（B類数学専攻）卒業。小学校2年生からサッカーを始め、大学の蹴球部在籍中に注目を集める。2004年、鹿島アントラーズ入団。その後、プロサッカー選手として海外、J1、J2等で活躍する。10年、FIFAワールドカップ・南アフリカ大会では日本代表に選ばれる。18年いっぱいで、現役を引退。

数学的思考をベースにサッカーの舞台で活躍

2018年のこと。ひとりの名サッカープレーヤーが、ユニホームを脱ぐ決断をした。

岩政大樹さんだ。

Jリーグの名門・鹿島アントラーズで長らく守備の要として活躍し、2010

年のＦＩＦＡワールドカップ・南アフリカ大会では、日本代表の一員として決勝トーナメント進出を果たした。

そんなトップアスリートは、じつは、異色の経歴の持ち主。東京学芸大学で数学を専攻し、中学、高校の教員免許（数学）まで持っているのだ。

プロサッカー選手にまで上り詰めるほどスポーツに打ち込みながら、どうやって学業との両立を図ったのか、気になるところではないか。ただし本人いわく、両立というよりはスポーツと勉強は融合しているとのこと。ディフェンダーとして超一流になるうえで、数学を学んだ経験が大いに役立ったというのだ。どういうことか。

「サッカー選手としての僕の原点は、自分に才能がないことへの深い自覚です」

と、のっけから岩政さんはいう。名ディフェンダーとして広く知られた身だというのに、才能がない？　そんなはずはないだろうに……。

サッカーを始めたころから素質に欠けていたことを自覚していたというのだが、その生い立ちから教えてもらうことにしよう。

子どものころ、漠然と抱いていた将来像は「先生」

生まれ育ったのは、周防大島（山口県）だ。自然に囲まれた環境でのびのびと育ったので、体はよく動かしていたし、基礎体力がそこで養われたという面はある。

「両親ともに教師だったので、やることはちゃんとやりなさいという真面目で教育熱心な家庭でした。テレビゲームはやらせてもらえなかった。それで、学校から帰ると山や海で遊んでいましたね。

小学校でサッカーを始めたんですが、島のチームだと県大会などに出られなかったので、高学年になると島の外のクラブチームでサッカーをするようになりました。

周りは自分よりうまい子だらけでした。自分はなんとかギリギリ試合に出られるというくらい。サッカーが自分に向いているともあまり思わなかったし、サッカー選手をめざすなんて少しも思いませんでした。もともと現実的な性格で、大それた夢を抱くようなことはあまりしないんです。

それはかえって幸いでした。『自分はけっこういける！』と早いうちに思ってしまうと、どこかで壁にぶちあたったときに、挫折して立ち止まってしまいがちですから。

両親の影響と、人に何かを教えることが好きだったので、将来は教師になれたらいいなという感覚でいました。それでふつうに勉強もするし、サッカーもするという生活を送ることに。ただし、僕は極度の負けず嫌い。どんな試合でも勝ちたいし、プレーの一つひとつでも負けるのはイヤで、練習には真面目に打ち込んでいましたよ」

サッカーと勉強をしっかり両立させていた小学生時代

小学校時代の岩政さんは、サッカークラブへの参加と学校の勉強をきちんと両立させていた。当時の得意教科はやっぱり算数だった？


「そうですね。ただ、どの教科もテストでいい点は取れていました。決してガリ勉タイプではなかったし、勉強にあまり時間をかけてはいなかったけれど、取り組むときは真剣にというスタンスでした。

確かに小学校時代の成績はクラスで1番でしたけど、同級生6人のうちの1番。狭い世界での話です。島にいると山口や広島だってはるか向こうという感覚で、ましてや日本とか世界とか、そんな広い世界は想像もできない環境です。だから自分がどれくらいのレベルでやれているかなんて、勉強にしろサッカーにしろ、本当にわかりませんでした。

ただし、僕は、やらなくてはいけないことを後回しにするのは苦手。イヤなことを抱えているストレスに耐えられないんです。勉強は好きじゃなかったとはいえ、やらなければいけないことだとは思っていた。だったら授業は集中して受けて、そこですべて済ませてしまおう、家に帰ってからの楽しい時間を削るなんてもってのほかだと考えて、実践して、宿題だって溜め込まず、空いた時間を活用して済ませるようにしていました」

通学時間に宿題を片づけていた高校時代

地元の中学校を経て、山口県立岩国高校へ進んでも、サッカー部に所属し、文武両道は相変わらず。

「地元の山口大学か広島大学へ進んで、数学の教員免許を取って教師になり、子どもたちにサッカーも教えるという将来像を描いていて、それ以外考えたことはありませんでした」

勉強は「やらなくちゃいけないこと」と考えていたのも、小さいころのまま。やらない、サボるというのは単なるわがままなので、生活のどこに勉強を組み込むかを考えた。

「僕は通学時間をメインの勉強時間にしました。学校まで片道1時間半かかるので、行き帰りの車内でその日の予習復習をひと通りやる。あとは授業の間の休み時間も。ここでは宿題を終わらせてしまうんです。1日分の宿題なんてたいした量じゃなくて、すぐにやればあっという間に済む。いくつも溜め込んでいくから負担になるんですよね。

　家では好きなテレビドラマも観たいし、そもそも毎日サッカーの練習があるからすぐ眠くなる。だったら帰るまでに勉強は済ませておかないとどうしようもない。通学中や休み時間に勉強していると、周りにはやし立てられたり、うわさになったりしますけど、自分にとってその生活パターンがいちばん楽で合っているのだから、気にはしませんでした」

限られた時間の有効活用。
いつだって
そこがポイントだ！

得意の数学を武器に東京学芸大学合格を勝ち取る

高校3年生になっても、サッカー部の活動は秋まで続けていたこともあって、岩政さんの生活スタイルは変わらなかった。

「夏休みもフルに部活があって、ふつうの受験生らしい時間の使いかたはできなかったんですが、最低限の勉強は続けていました。サッカーの合宿に行っても、夜はひとり勉強してペースを崩さないようにしました」

秋までサッカーに打ち込んだらそこでやめて、大学で本格的にサッカーをやるつもりはなかったそうだ。ところが、だ。引退するはずの最後の試合の直前、岩政さんはケガをしてしまった。不完全燃焼で高校のサッカー生活が終了した。

このままやめるのでは気持ちの整理がつかない。大学でもサッカーを続けようと決意し、進路を変えることにした。

東京学芸大学にねらいを絞ったのは、それまでめざしていた広島大学と難易度が近かったことと、蹴球部が関東1部リーグに所属する強豪だったのが理由。それ以外は、東京学芸大学がどのあたりにあるのかすら知らなかった。

二次試験の教科が数学のみで受けられたのは、岩政さんにとってうれしいことだった。

「得意教科は数学だけだったので。得意というより、僕にとってはすごく簡単というか、向いていたんですね。いかに要領よく課題を解決するか、そのための工夫をしていくのが勉強だと僕はとらえていました。歴史の年表や英単語を大量に覚えなさいといわれると、からきしダメだけど、数学の場合は覚えるべきことは公式などほんの少しです。あとは解きかたを覚えて、それを条件に沿って変化させて応用すればいい。そういうのが性に合っていたんでしょう。数学専攻を志望しました」

蹴球部に入部してすぐに頭角を現す

いちどはやめようと思っていたサッカーだが、大学の蹴球部に入部してみると、すぐにレギュラーポジションを確保。ディフェンダーながら1年次のリーグ戦で3得点を挙げ、新人王になった。大学選抜チームの一員になるなど、一躍注目の選手となった。Jリーガーになるという選択肢が、いきなり視野に入ってきた。

それでも、授業にはきちんと出て、教員免許を取るための勉強も進めた。

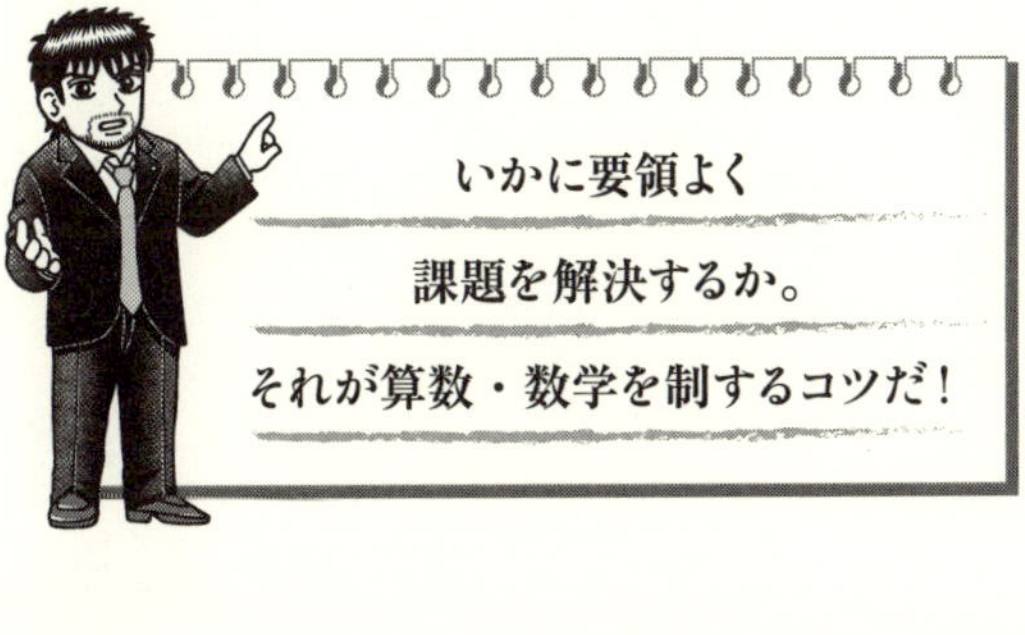
いかに要領よく
課題を解決するか。
それが算数・数学を制するコツだ！

「数学が得意だったとはいえ、それまで要領のよさでカバーしてきたので、大学での数学の本質を学ぶ授業には、ついていくのがやっとでした。わからないところは自分で参考になる本を購入して勉強しました。

蹴球部との両立は大変といえば大変ですけど、授業には出ているのだし、試験も当たり前のことをやっていればなんとか単位は取れます。ゼミの先生はサッカー好きで僕を応援してくださっていて、遠征などで休みが続くときも理解を示していただいたのはありがたかったです」

そうして在学中に無事、教員免許を取得。ただし卒業後の進路は、教員ではなかった。Jリーグ行きを選んだのだった。

チームに貢献できるプレーヤーになるために

いつしか、複数のJリーグチームが動向を追う「大学ナンバーワンディフェンダー」となった岩政さんは、鹿島アントラーズに入団することに。Jリーグ屈指の強豪だけに、そこは一流選手ばかりが集まる場だった。

「ほかの選手は僕から見たらみんなエリートです。高校サッカーのスターだったり、各年代の代表チームの常連だったり。技術的、身体能力的にいえば、僕は彼らの足元にも及ばない。もちろん、そうしたレベルの差を埋めるべく努めると同時に、ほかのところで勝負しなければならないと考えました。
ポイントは、いかにチームに貢献できるプレーヤーになるかということ。ここぞというところで身体を張る、チームメートに声をかける、一試合を通しても、シーズン全体を考えても、継続して同じパフォーマンスを見せる、といったことを、強く意識しました。そうした地味なことは、ずっと華やかなところでやってきた選手よりも、僕のほうが意識できるはずだから。それらを自分の長所にしようと心がけました」

仮に本人の弁の通り、スキルや身体能力で劣っていたとしても、情熱的な闘争心と献身性、冷静な判断力を併せ持つ岩政さんのプレーは名門チームの力となり、入団後すぐにレギュラーポジションを獲得。それから長い間、ディフェンスリーダーとして活躍することとなった。

数学で養った論理的思考力が自身の支えに

その間、２００７～０９年にはＪリーグ３連覇を達成するなど、チームの黄金時代を中心選手として支えることとなる。自身のプレーには、数学を勉強することで養われた論理的思考が大いに役立っているという。

「数学というのは、論理を数式で表したもの。勉強していくと、論理的に考える力が養われていくものです。何もいちいち小難しい理論を述べ立てるのが論理的思考というわけではありません。ものごとの成り立ちや本質を見極め、課題に対する解決策を見いだしていくには、順序立てられ、よく整理された思考の型が必要で、それが論理的思考なのです。

　人生においてこれが役立たない場面なんて、およそ考えられません。サッカーをプレーするうえでも、論理的思考はもちろん力になってくれます。

　プレー中は常に頭をフル回転させて、刻々と変わる相手と味方の動き、試合の流れをよく観察、分析し、自分の立ち位置やプレーを選択していかなければなりません。ピッチに立ったとき、僕はいつも、考えることをいっときもやめないよう、心に刻んでいました」

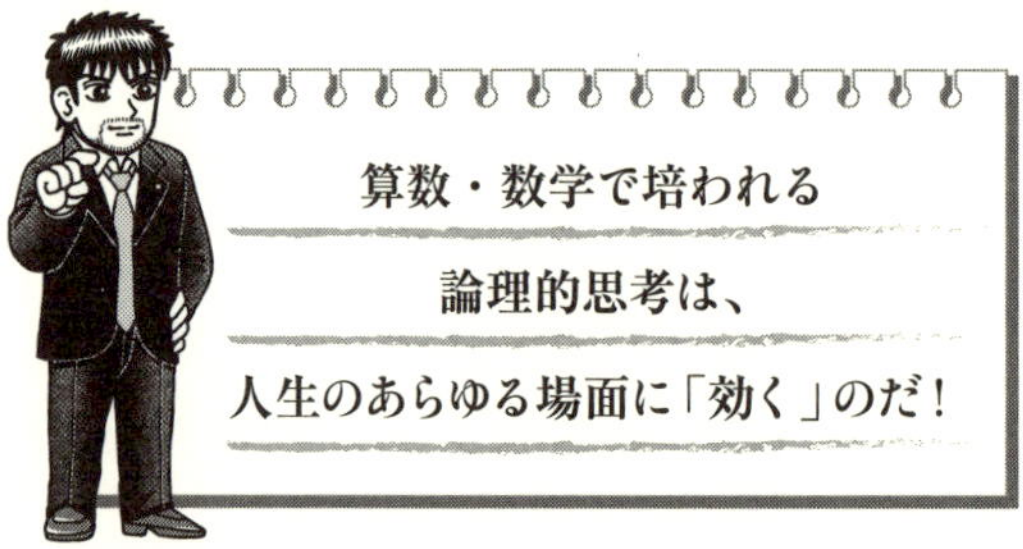
算数・数学で培われる
論理的思考は、
人生のあらゆる場面に「効く」のだ！

岩政さんは常に論理的に考えることで、ハイレベルなプロの世界で結果を出し続けたのだ。

数学の論理的思考をサッカーにどう生かしたか

数学の問題を解くのに論理的思考が必要なのはよくわかるが、サッカーのプレーにはいったいどう反映させるというのか。岩政さんが、プロの思考法の一端を教えてくれた。

「試合のあらゆる場面で、現象に対処するのではなく原因を突き詰めて、そこに処方箋を打ち、その現象を起こさせないようにする。そうやって僕はチームに影響力を与えてきました。つまりは、一つひとつのプレーをどうとらえるかということです。

たとえば、相手選手がシュートを打って、僕がそれをブロックし、ボールをクリアした場面があったとします。その際、シュート→クリアという現象だけを見るのではなく、なぜそこで相手にシュートを打たれてしまったのかを考える。マークについていた選手が振り切られたからだ。同時に、僕も味方が振り切られるという予測ができていなくてカバーリングが遅れた。そういう原因によってシュートを打たれてしまったのだとわかる。

じゃあなぜマークについていた選手は振り切られたのか。相手がドリブルし始めたときのポジショニングにズレがあったんじゃないか。僕もそのズレに気づけずコーチングができていなかったし、味方との距離感が適切だったかどうかは怪しい……などと、論理的に考え、さかのぼっていけるかどうかで、プレーは当然変わってきます」

試合中、頭はいつもフル回転していた

「そういう振り返りをゲームが終わったあとにしっかりとして、次に生かすべくトレーニングしておくというのも大事ですが、僕はこれを試合中にもずっとしていました。頭を回して現象を追うのではなく、その原因を瞬時に究明して、先回りして対策を取る。その繰り返しです。

だから、たとえボールが目の前にないときだって、サッカーはずいぶん忙しい。頭の中での思考を止めるわけにはいかないし、自分が立っているポジションも、試合の状況が変わるたび、一歩、半歩という単位で微調整し続けるんです。

気をつけなければいけないのは、思考が大切だとはいっても、そこはあくまでもスポーツ競技の現場でのこと。つべこべいわずに相手に向かっていける気持ち、ギリギリのところであと数センチ足をのばす能力、最後まで走り切るスタミナ――。そうした精神的・身体的なアプローチだって必要になるのはいうまでもありません。要は、頭脳と身体のバランスが求められるということですね」

「確率」を扱うディフェンダーの仕事

論理的思考は、とりわけディフェンダーにとって、なくてはならないものであるという。

「フォワードの選手は、自分の感覚を信じてシュートを叩き込んで、試合を決める1点を取ればそれで成功となります。ディフェンダーはそういうわけにいきません。試合時間の間ずっと安定した守備を見せていかねばならず、そのためには考え続けるしかありません。

サッカーにおいてはディフェンスのほうがプレーの再現性は高いものです。相手を同じパターンに誘い込んでボールを奪うということが可能ですし、チー

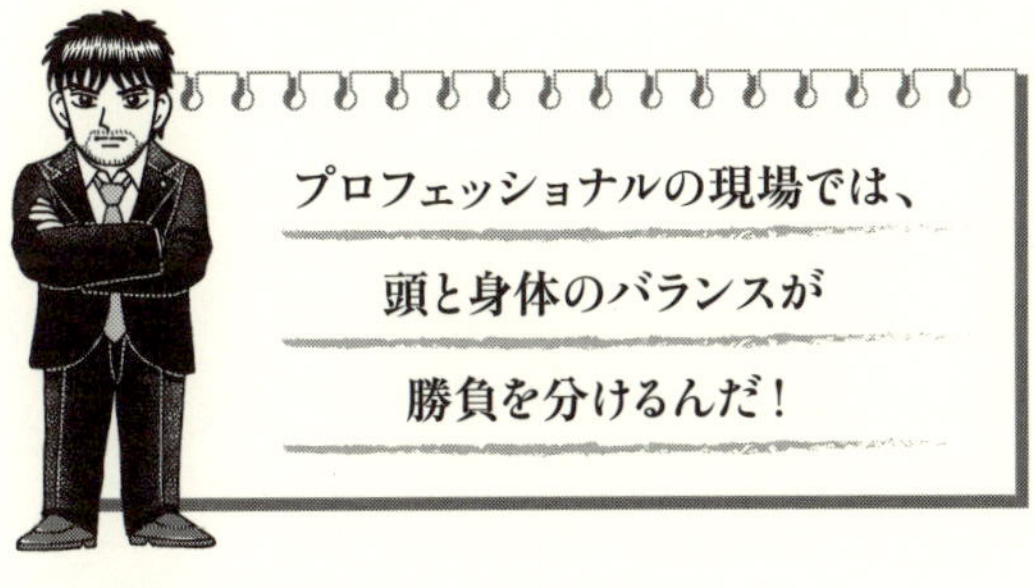
プロフェッショナルの現場では、
頭と身体のバランスが
勝負を分けるんだ!

ムとしてはできるだけディフェンスの再現性を高めるような戦術を敷くのです」

ディフェンスとは確率を扱う仕事であり、それゆえ論理的思考が大事なのだ。

「ディフェンダーはどれだけがんばっても、相手が得点する可能性を０％にすることはできません。ディフェンスをするときというのは相手がボールを持ち、主導権を握っているので、こちらがどれほど完璧な対応をしても、とんでもないシュートを打たれたら防ぐことはできないのです。

ですから、得点の確率をどれだけ下げることができるかが、ディフェンダーの仕事ということになる。攻撃の側は局面ごとに、基本的に得点の確率が最も高いプレーを選択します。ならばディフェンダーは、まず相手の得点確率を最も奪うことのできるポジショニングを心がける。と、攻撃の選手は最も得点確率の高いプレーをあきらめ、２番目に確率の高いプレーに切り替えざるを得なくなる。切り替えの過程で少しだけ迷う時間が生まれ、隙ができやすい。その瞬間を僕らはねらい、ボールを奪いにいく。

相手の可能性を順につぶし、プレーの選択肢を奪い、ねらいを定めてボールを奪うために、ディフェンダーは考え続けるわけです」

どんな学びも人生を豊かにしてくれる

現役を引退した岩政さんは、サッカーにまつわる解説・評論や講演活動などを展開している。論理的思考をベースに、サッカーをどう読み解いていけばいいかをわかりやすく教えてくれる解説は、好評を博している。

数学を学び、そこで身につけたものが、何をするにあたっても岩政さんのベースとなり、進む道を明るく照らしてくれているのだ。何かを知り、学ぶことは、人の生きかたを深くて豊かなものにしてくれるといういきた実例が、ここにある。

「勉強って何のためにするの？　何か役に立つの？」

という子どもが発する定番の質問、疑問への最良の答えが、岩政さんの言葉に丸ごと含まれているといえるだろう。

親はここに着目・注意せよ

日常のあらゆる機会をとらえて、数学的思考＝論理的な考えを展開するクセをつけろ！

「ドラゴン桜2」から

Q 学びの本質って何だと思いますか?

A 自分探しだと思います。

今日の自分より明日の自分をよりよくしていこうと考えたら、より多くのことを知り、より多くのことを考えなければなりません。そのたくさんのさまざまな知識や思考から、最終的に“いいとこ取り”をして、「自分だからこそできること」をつくること。それが自分の人生をつくってくれます。学ぶことは、求めるかぎり終わりのない自分探しの旅なのだと思います。

岩政大樹さんがすすめる1冊！

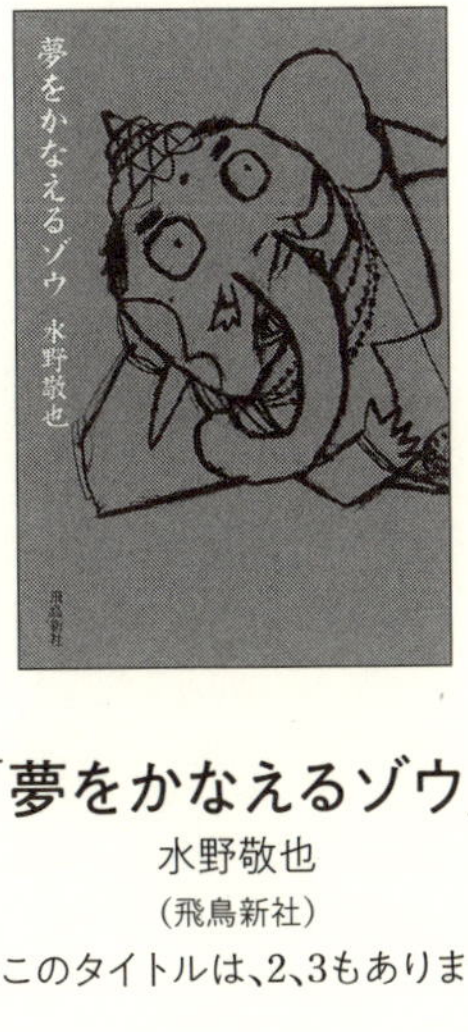

「夢をかなえるゾウ」
水野敬也
（飛鳥新社）
*このタイトルは、2、3もあります

読書が好きな子も、そうでない子も、楽しみながらさまざまなことを考えさせられる本だと思います。大事なことの多くは大したことではなく、日々のちょっとした気づきの中に落ちているものです。生きかたや考えかたをつくっていくきっかけになってくれると思います。

3時間目

社会

プロ講師・社会科
伊藤賀一

探究学舎代表
宝槻泰伸

社会こそ、これからの最重要能力たる「読解力」を伸ばす教科だ！

プロ講師・社会科

伊藤賀一

伊藤賀一
1972年9月23日、京都府生まれ。法政大学文学部（史学科）卒業後、東進ハイスクール最年少講師として30歳まで授業を担当。4年後、秀英予備校で塾講師に復帰。20以上の職種を経験している。現在、オンライン予備校「スタディサプリ」で、日本史、倫理、政治経済、現代社会、中学地理、中学歴史、中学公民を担当する。43歳で一般受験し、現在、早稲田大学教育学部生涯教育学専修4年に在学中。多彩な経験をベースとする話術で受講生たちをひきつけている。

社会は「読解力」がつく教科だった！

ひと呼んで「日本でいちばんたくさんの生徒を持つ社会科講師」。それが伊藤賀一さんだ。東進ハイスクールの講師を経て、現在はオンライン予備校「スタディサプリ」などで中学社会、高校日本史、倫理、政治経済、現代社会、その他の授業を担当している。

オンライン予備校として数十万人の受講生を有する「スタディサプリ」の講師で、しかも社会科全般をカバーしてしまう幅広さゆえ、「日本で最も生徒が多い」と考えられるわけだ。何にしろやるからには「いちばん」を取るというのは、たいへんすばらしいことだ。

そんなスペシャリストに社会の勉強のしかたを指南してもらおうとすると、開口一番、

「英語、国語、算数・数学の主要3教科に比べ、社会や理科の勉強はどうしても後回しにされがちですよね。でもじつは、社会が得意な子って、ほかの教科もよくできる傾向がまちがいなくあるんですよ。

『社会なんて、ただの暗記科目』といった認識が、そもそもまちがっているのです。たとえば歴史なら、起こった出来事を解釈し、判断力や思考力を駆使してその理由や流れをつかむのが、本来の勉強のねらい。そこで養われるのは読解力です。社会にしっかり取り組むと、勉強ができるようになるための最重要能力たる読解力がつくので、ほかの教科の力も伸びる傾向にあるのでしょう」

と、話してくれた。

2022年からの「歴史総合」は表現力も求められる

さらには、これからの必須の学力として注目されている「表現力」も、社会で基礎を固められるのだという。

「2022年度に、高校の歴史の授業の履修形態が変わることになりました。いま日本史は選択科目で、履修せずに済ますこともできるのですが、2022年度以降は『歴史総合』という必修科目が生まれ、世界史も日本史も同時に学ぶこととなるのです。

ここで重視されるのは、歴史の流れや関係性です。日本でこんなことが起きていたとき、アジアやヨーロッパはどうだったか。米国でのある出来事は、同時代の日本にどんな影響を及ぼしたか。個々の事象の暗記というよりは、こうした歴史上の『なぜ?』『どのように?』を理解し説明できるかどうかが問われるようになります。

もちろん大学入試の社会の問題も、同じ方向にシフトしていきます。歴史の知識を問うだけでなく、その知識を材料にしてどのように考えを発展させ、まとめ上げて意見を述べられるかがポイントとなっていきます。

問われていることを読み取る読解力と、知識を存分に展開する表現力がこれからの社会には求められますし、逆にいえば正しく社会の勉強を積んでいけば、読解力と表現力をみがくことができます。それら『学びの基礎力』があれば、ほかの教科の学力アップにも当然つながっていくわけです」

東大の入試問題（日本史）が象徴的な例

社会科を正しく学ぶことが、読解力とその応用力をみがき、総合的な学力アップのカギとなる。さらには、2020年の教育改革への対応・対策もしっかり取れるという。

「一連の教育改革でいっそう求められるようになるのは、みずから思考し、判断し、表現する力。これらは社会科の学習を通して養えます。

いい先例がひとつあります。東京大学の入学試験における、日本史の出題です。東大の日本史は型が決まっていて、たいてい大問が4つ、すべて論述式で出ます。あるデータや史料が提示されて、それらについての論考を述べるのですが、ここで大事なのは出題文が何を問うているか。そこをしっかり読み取って、的確に問いへの返答をするべきなのです」

社会などの科目では
これが顕著です
例えば
早稲田や慶應の
日本史の問題は
穴埋めが多い
桂は（ う ）問題を（ c ）陸軍大臣から西園寺首相に強く要求す
封印を破って出る道を見つけたんだ。西園寺辞任後の総理適任者を，元老会
桂の再登場となった。山県閥にとってのエースは，（ d ）という当時の
批判的な世論を見て，彼を将来のために温存したよ。ただ，桂が宮中を出る
形式をとったことで，「閥族打破」「詔勅を以て弾丸とする」という（ e ）
たはずだ。
学生：（ e ）は当時（ い ）所属でしたね。確か，
教授：犬養の動きは面白いね。立憲国民党の党首だったけれど，犬養毅も桂内閣に反対
派は，やがて桂新党に合流するよ。しかし，桂が首相として新党結成を呼びか
ことや，山県閥の貴族院議員が山県の意向を
これは知恵が
なければ
空欄を埋められない
対して東大は
「10行〜30行の
文章を読んで
３行で説明する」
という問題が出る
極端な話
まったく勉強していなくても
国語の能力
言い換える力が
あれば
解けてしまう

「ドラゴン桜２」から

しっかりとした問題文の読み取りが分かれ道

「つまりは問題を正しく読み取れているかどうかが勝負。ハイレベルな知識は必要ありません。いえむしろ、問題の主旨に外れた知識をひけらかしているようでは、点数をもらえません。やさしい言葉で問われたことにだけ論理的に答えなければいけない。

うまく論述できているかどうか、自主的にチェックする方法がひとつあります。自分の書いた解答を虚心に読んで、問いを推測できるかどうか考えてみるのです。それができれば、問いの文言を完全に読み解き、理解し、返答できている証拠となります。

東大の日本史を解くのに必要なのは、何をおいてもまずは読解力だということです。次いで、読み解いた内容を展開するための、体系立てられた歴史の基礎知識。くわえて文章に落とし込む表現力となります。

東大の日本史は、いわば時代を完全に先取りしていた良問であって、教育改革以降の社会科の、いえ、あらゆる教科の入試問題はこうしたものになっていきます」

歴史を勉強すれば
オールマイティな
「読解力」が身につくぞ！

では、これから大いに役立ちそうな読解力、知識の体系化、表現力はどう得ていけばいいのか。

「歴史の勉強にいっそう力を入れていきましょう。とはいえ、さほどつらい思いをすることはありませんから、ご安心を。楽しみながら進められるのが歴史という科目のよさです。膨大な量の暗記をしなければいけないのではつらそうですが、そんな必要は、なし。歴史は無数のワクワクするストーリーに彩られているものですから、それをひとつずつたどっていけばいいんですよ」

「歴史まんが」でストーリーを読み解け

歴史は暗記するのではなく、ストーリーを読み解けばいいといわれても、

「いや、教科書を読んでワクワクした記憶がないんだけど……」

といった声も聞こえてきそうだ。ならば、もっとおもしろく読めるもので歴史に触れればいいんだ。

「それにピッタリな読みものとして、『歴史まんが』があります。歴史まんが

は、流れを知るのに最適です。漫画仕立てだからスラスラ読めて、楽しんでいるうちに大まかな歴史の動きがすべて頭に入ります。少し前だと、漫画に抵抗感を持つ親もいましたが、いまの親世代は漫画で学ぶことに慣れています。うまく活用してほしいと思います」

「スタディサプリ」で展開している伊藤さんの講義も、知識の詰め込みではなく歴史をストーリー化して伝えてくれるので、歴史の知の体系がどんどん頭に入ってくるのを実感できるだろう。

因果関係をしっかり解説する「伊藤流」

さらには、「伊藤流の歴史」をわかりやすく見せてくれる本がある。『日本一の社会科講師が教える　読んだら忘れない明治維新』（アスコム）だ。

「日本史の中から、最も波乱に富んでいて、それゆえ状況が入り組んでいる明治維新前後の時代を切り出して、全体の流れがよくつかめるよう詳述しています。そもそもなぜ、長く続いた江戸時代があのタイミングで崩れたのか。幕府の側は何を思い、朝廷は何を考え、倒幕に動いたのが薩摩藩や長州藩だった理由はどこにあるのか、などなどがしっかり関連づけてありますよ」

確かに一読すると、混沌としているように見える幕末の状況が、因果関係を持った一本のストーリーに整理されて頭に流れ込んでくる。登場する西郷隆盛が、坂本龍馬が、徳川慶喜が、それぞれの立場を背負いながら懸命に生きたということもよく伝わる。

「明治維新のころは、まちがいなく日本の歴史の転換点です。この時期のことをしっかり押さえるのは、日本史全体を理解するうえでも重要だと考えます。現状、実際の大学入試の問題として取り上げられることは少なめですが、それはあまりに事態が入り組んでいるからでしょう。

でもこれからは、入試の世界でも最重要な時代のひとつになっていくと予想されます。先に述べたように高校社会科のカリキュラムが変更されると、近現代史がより重視されるようになりますから。それに、現代もまた大きな時代の転換点ですからね。歴史とは『いま』を通して見るのが本来は基本です。明治維新のころを学ぶ意義は大きくなるいっぽうだというのが、私の見立てです」

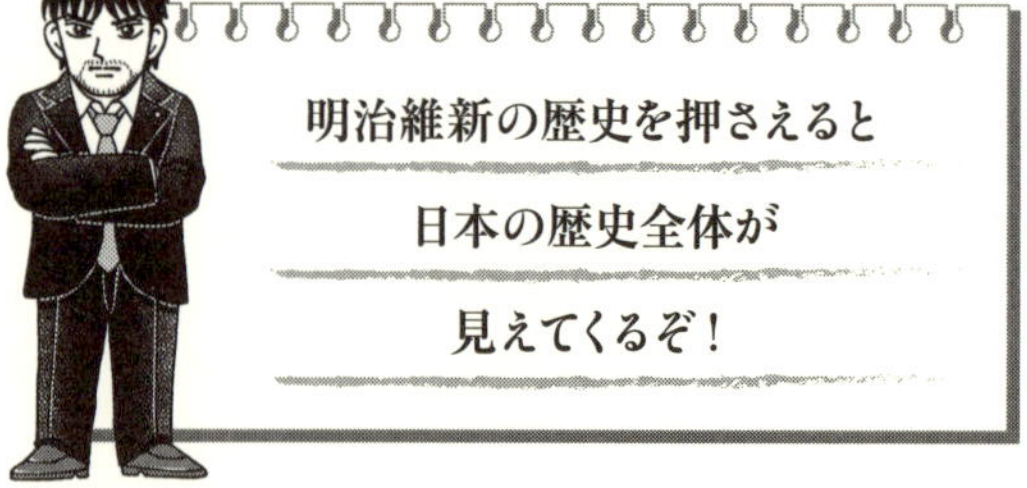
明治維新の歴史を押さえると
日本の歴史全体が
見えてくるぞ！

大名たちの年齢に注目して情報を整理

幕末から明治維新のころを「時代の転換点」ととらえ、きちんと流れを理解するのが日本史学習のキモだということだ。歴史を学習するにあたって、ほかにポイントとなる時代は？

「戦国時代ですね。こちらも明治維新の時期と並ぶ日本史の転換点ですから。たくさんの人物が入り乱れて歴史が動いていくので、なかなか頭に入ってこないかもしれませんが、それは戦国大名を並列して考えすぎるから。

たとえば、毛利元就と織田信長と伊達政宗というスター級の大名たちがいますね。みな戦国時代の人物であって、つい同じ時を生きていたような気がしてしまうけれど、そうじゃありません。信長が歴史に本格参入する『メジャーデビュー』戦は、桶狭間の戦いでした。彼が20代半ばのときの出来事です。このとき毛利はすでに60歳を超えています。そして伊達政宗はまだ生まれていない。

そう聞くと意外に思ってしまいますよね。でも実態はそういうもので、戦国時代はけっこう長いんです。まずは主要な人物たちが時代のどのあたりで生没しているのか確認するだけでも、頭の中がかなり整理されますよ」

大名の行動、ねらいは京都との距離で差が出る

「さらには、戦国大名のふるまいを知るには、生まれた土地をチェックするのが何より大事です。それによって、生きるモチベーションがまったく違ってきますので。彼らの最大の目標は『天下を取る』ですね。その天下とは、朝廷のある京都のこと。ここを攻め落とせるかどうかが勝負なのですが、京都からあまりにも遠く離れたところに生まれてしまったら、その時点で天下を取るなんてほぼ不可能になってしまいます。

ですから東北に生まれた伊達政宗などは、残念ながら天下をねらうのは難しかった。北条早雲、北条氏康らを擁した北条家は、関東を本拠としており、地勢上からいって天下をねらえないとよく理解していました。そこで、西へ勢力を伸ばそうというよりも地域密着型をめざし、地元では絶大な力と支持を得ることとなりました。武田信玄も、いくら大人物だったりいくさに強かったりしたとしても、天下を取るには生地が京都から遠すぎました。

そこへいくと、織田信長は生まれた場所とタイミングが天下取りに最適でした。信長の出生地である名古屋近辺は、京都までの距離がほどよいのです。

京都に近すぎると寺社勢力と朝廷の力が強すぎて潰されてしまう。遠すぎると、間にほかの大名が多すぎて都まで行き着けない。信長の生まれた地はまこと絶妙な距離感だったのです。

そうして信長は、天下を取るという明確な目標を掲げて、本拠地を徐々に京都へ近づけながら戦略的に戦国の世を生き抜いていきました。このような流れとストーリーを知ることが、これからの歴史の学習には不可欠となっていきますよ。桶狭間の戦いの年代を問われるだけの問題よりも、『信長が天下統一に近づくことができた要因を考えて述べよ』といったことが出題されるように、どんどんなっていきますから」

バランスのよい基礎知識のインプットもお忘れなく

歴史の学習は人物名や年代の暗記よりも、「なぜ」「どのように」を知ることが肝要になってきた。単なる受験テクニックではなく、これからは本格的な「学び」を積み重ねなければいけないんだ。

ただし、ひとつ注意すべき点がある。

「そうはいっても、暗記なんてしなくていい、とはなりません。歴史の流れ

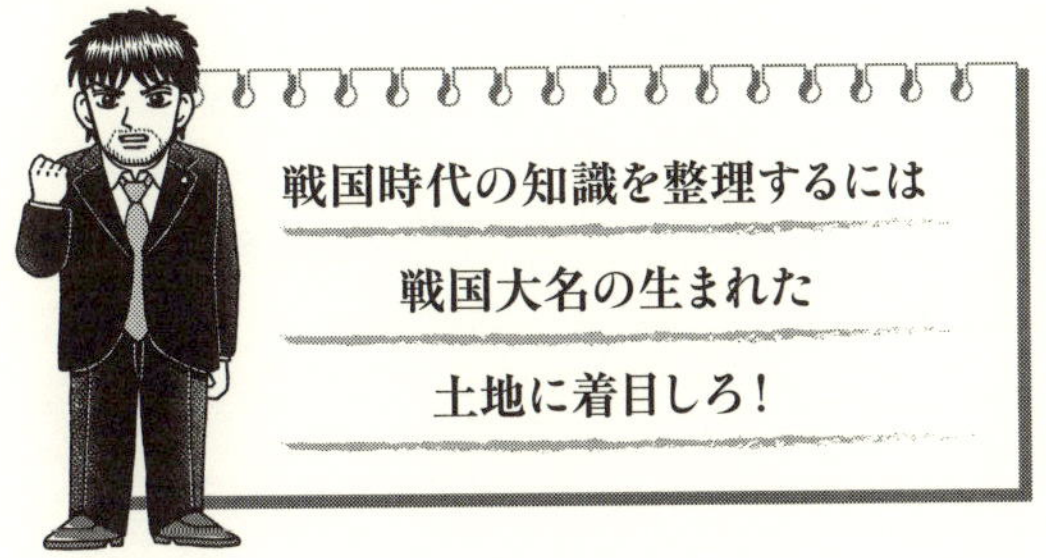
戦国時代の知識を整理するには
戦国大名の生まれた
土地に着目しろ！

を知り、ストーリーをつかむうえでは、まず出来事や人名、年代といった『考えるもと』がなければ、どうしようもありません。織田信長がなぜ天下統一に近づけたかを考察しましたが、そもそも信長という名前や大まかなライフヒストリーを知らなければ、彼の行動の『なぜ』『どのように』を考えることなんてできませんよね。

まずは基本的なことを覚える。そこからすべてが始まるのは、昔もいまも勉強法として変わりません。桶狭間の戦い、大政奉還といった個別の事象を知るのは、自分の中の歴史の体系に基準となる『点』を打っていくようなイメージでしょうか。その『点』がある程度たまったら、それらの因果関係を見据えておたがいをつなぎ、『線』にしていく。さらには同じ時代に異なる地域では何が起きていたかなども見て横の広がりをつくり、『面』をつくっていきます。そうして初めて、歴史がストーリーをともなって見えてくることとなるでしょう。

歴史を『面』としてとらえられるようになれば、個々の事象についての記憶も定着します。前後左右のつながりの中に位置づけられていれば、人物名や年代を忘れることはなくなるはずですよ。無理やり暗記した知識というのは、いわば脳内の倉庫へとにかくバラバラにものを詰め込んだ状態です。それでは必要なときにうまく取り出せませんね。

詰め込んだ知識は系統立ててよく整理し、インデックスをつけて保管しておかないと、いざというときに使いものになりません。頭の中を倉庫ではなく、図書館にしておかなくてはいけません」

学習玩具、地元史の調べ学習もいいきっかけに

歴史を「面」としてとらえるところまで仕上げれば、歴史科目の成績も上がろうというものだ。そのための第一歩は、歴史上の出来事をマメに覚えていき、「点」を増やすことだな。そこを効率よく進めるための教材、というかツールを伊藤さんは独自に開発し刊行している。『学習版　日本の歴史人物かるた』（幻冬舎）だ。

「日本の歴史上、まず知っておくべき50人を札にしたかるたです。『卑弥呼』『菅原道真』ら、それぞれのカードには、その人物について最低限覚えておきたいことが明記してあるので、かるた遊びをしながら文言もチラチラと読んでいけば、歴史を勉強するときに最も基礎的な『点』を、脳内にしっかり築いていくことができますよ」

なるほど思えば、歴史をはじめ社会科の学習内容とは、我々の身近にあることがらばかりだ。かるたでもいいし、自分の住んでいる地域や旅先の歴史を少し調べてみるのでもいい。いろんな機会をとらえて歴史の「点」をつくり、それを発展させて学んでいくことができるのだ。そうした日ごろの積み重ねが、受験などにも直結していくのだ。せっかくだから、大いに楽しみながら歴史の学びをしていきたいものだ。

親はここに着目・注意せよ

いまの社会とつながる歴史の「点」を指し示して、好奇心の種をまけ！　それが大人の役割だ。

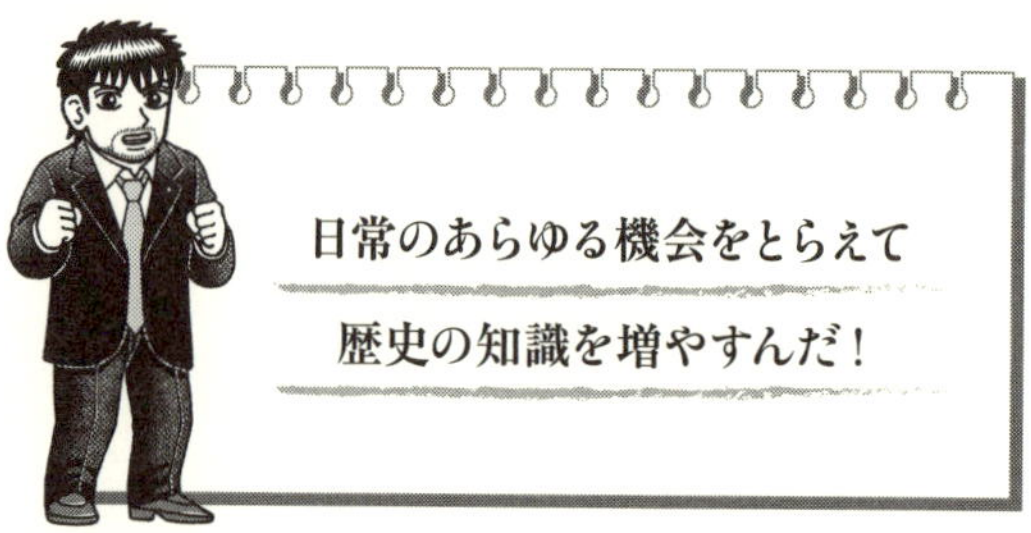
日常のあらゆる機会をとらえて
歴史の知識を増やすんだ！

Q 学びの本質って何だと思いますか?

A 学校歴（どの学校を出たか）、学歴（大卒・院卒など）は、もはや「武器」になる時代ではありませんが、「防具」にはなります。社会科に代表される教養が「武器」です。そして、語学が世界をつなぐ「翼」です。数学や音楽も、世界の共通語といえるので、語学みたいなものではないでしょうか。入試制度や学習指導要領の変革に振り回されず、素直に教養を身につけるつもりで学んでください。それも、暗記ではなく記憶すること。頭で覚えるのではなく、胸に刻むことです。それが、今後の多文化共生社会を生きる「武器」となります。

伊藤賀一さんがすすめる1冊！

「モンテ・クリスト伯　上」

（巌窟王）

アレクサンドル・デュマ
（岩波少年文庫）

*このタイトルは、中、下もあります。


少年少女向けの翻訳もあります。

読書の本質は娯楽だと思います。文句なしに楽しい、時間を忘れて夢中になる。そういう経験を小中高生時代にしておかないと、本を読むことや、ひいては活字を読むことに苦手意識を持ちかねません。情報があふれる現代は、「相手がどんな答えを要求していて」「それにどう簡潔に答えればいいか」を常に考える必要があります（なるべくユーモアを忘れずに）。そのために、絶対的な自信を持っておすすめする世界屈指の娯楽小説です。

「興味開発」さえしておけば、学力の成績なんて気にする必要なし!?

探究学舎代表

宝槻泰伸

宝槻泰伸
1981年5月25日、東京都三鷹市生まれ。高校や塾に行かずに、京都大学に合格した異色の経歴を持つ。東京都三鷹市にある塾「探究学舎」の代表。東京都子どもの好奇心に火をつけるユニークな授業に、年間約3000人の参加者が全国から集まる。出演番組は「情熱大陸」。主な著書に『強烈なオヤジが高校も塾も通わせずに3人の息子を京都大学に放り込んだ話』(徳間書店)がある。5人の子どものお父さん。

子どもたちのライフワーク探しをサポート

塾や予備校は、いまや百花繚乱だな。教育・受験産業の中心に位置しているといっていい。だが大きな視点から見ると、どの塾・予備校も方向性は似通っている。目標とするのが「能力開発」だからである。

各教科における生徒一人ひとりの学力を伸ばすことをめざしていて、具体的にはよりいい点数を取れるよう指導してくれるのが塾・予備校という場だ。これはごく当たり前の話に思える。親としては、そのために受講料を払っているのだから、成績アップに効果がなくては困るだろう。

ところが、だ。ここに、目標自体がほかと異なる塾がある。「興味開発」をうたい、東京・三鷹に校舎を構える「探究学舎」だ。代表の宝槻泰伸さんはいう。

「子どもたちに『驚きと感動の種をまく』というのが私たちのコンセプト。ですから、学力の伸びは指標にしていませんし、受験も目標ではありません。じゃあ何をめざす塾なのか。

わかりやすい例でいえば、さかなクンのように生きられる人を生み出すことです。魚類学者として活躍する彼は、好きなことを突き詰めて、それを仕事にし、世の中に知見を広めて社会に貢献していますよね。これってひとつの人生の理想形ではないですか。

僕の言いかたで表現すれば、さかなクンは『ライフワーク』のある生きかたをしている。この対極にあるのは、『ライスワーク』に終始する生きかたです。ライス、つまりごはんを食べるためだけに働くこと。それで自分や家族を養えるのももちろん大切かつ立派なことですが、これからの時代にめざすべきは、やはり好きなことを突き詰めて、ライフワーク一本で生きていけるようになることですね」

いったん火がついたらどんどん熱中する

そのためにはどうしたらいいか。

「興味開発を施して、何らかの対象に対する驚きと感動を体験する機会を与え、好奇心に火をつける。

いったん熱中してしまえば、子どもはその分野についての知識をみずから掘り下げていくものです。ライフワークへつながる何かを見つけてもらう、僕らがしているのはそういうことです」

具体的には探究学舎では、宇宙、生命、元素、経済、歴史など、従来の教科割りにとらわれない項目を設けて、参加者全員が熱中する「魔法の授業」を展開している。のちに習熟度テストなどをするわけでもないので、その授業によっていきなり成績がどれほど上がるかはわからないが、まちがいなく自然の驚異や人類の英知に対する興味関心はたっぷり抱くことになるという。

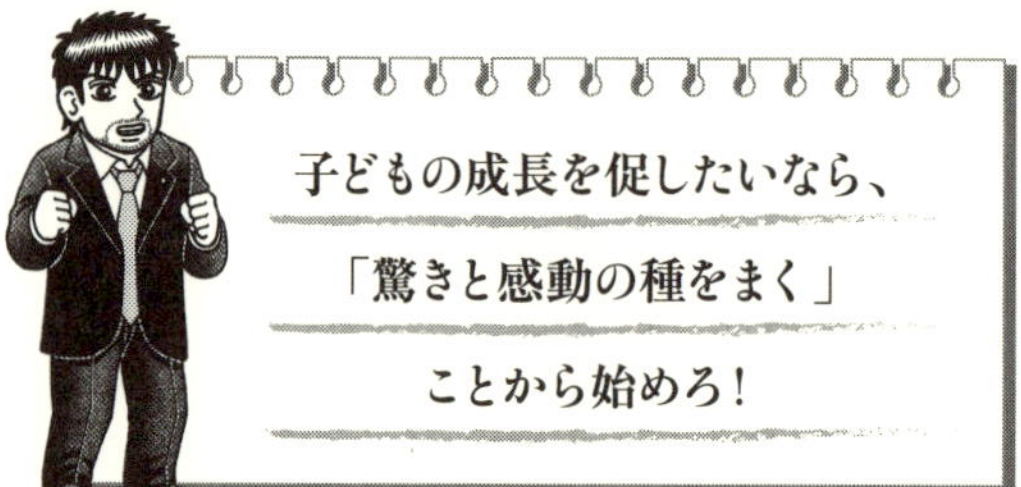
子どもの成長を促したいなら、
「驚きと感動の種をまく」
ことから始めろ！

そこから僕は本を読んでものを調べることが日常化しました
特に歴史には夢中になりましたね
小学校に入ってからは大河ドラマ『国盗《と》り物語』の登場人物のエピソードを
学校の図書室から『日本歴史全集』を借りっぱなしにして徹底的に調べました

小学校3〜4年生になると
「調査熱」は一段と高まり
歴史新聞
大友宗麟とは
戦国大名の経歴を
調べては わら半紙に
書き写した「歴史新聞」を
発行していました
当時は
コピーなどないから
全て手書き
一人の大名について
様々な事典の
異なる内容も
全部書き写して
いました
そのうち
自分なりの大名像も
書き添えるようになる
こうして僕の頭の中で
「思考と整理作業」を
していたのです
整理
思考

つまり
勉強とは
「好きなことを
する」
この一言に
尽きるのです
興味を持ったことを
ひたすら
一生懸命やる
僕の場合は
歴史でしたが
宇宙でも生物でも
なんでもいいんです
それを周りの
大人たちは
褒める！
褒めて
褒めて
褒めまくる！

「ドラゴン桜２」から

これからの時代は「興味開発」が必須

宝槻さんにいわせれば、これからは興味開発こそ必須で求められるものになるはずとのこと。

「僕はいろいろな機会をとらえて、多くの大人たちに『自分の子どもに期待することは？』と聞いてきました。するとまずは、『自立して生きていけるようになってほしい』『しっかり自分の頭で考えられる人間になってほしい』という声が多く返ってきます。

要約すれば、生き抜く力をつけてほしいといったところになるでしょうか。こうした意見はおそらく、社会の大きな変化に対応したものです。

戦前までの日本では、人は基本的に家業を継ぐかたちで職業を選択していました。将来への選択肢を考える余地はほぼありません。

戦後は企業人が多数派となっていくのですが、やりたいことを探すために会社へ入るというよりは、より安定的で有利なポジションを得ることが主たる目的でした。そこでの仕事で求められたのは、的確に素早く目の前の課題を処理する能力です。求められる学力も、そうした能力をみがき上げるためのものでした」

新しい価値の創造が求められている

「ところが21世紀に入ったいま、社会が求める能力は明らかにシフトしてきました。

以前なら与えられた情報をテキパキと処理するのが仕事を進めるうえでは大事だった。テクノロジーが進展し、インターネット社会が到来したいまは、それだけでは足りません。情報を編集して付加価値をつけたり、そもそも課題をみずから発見する力なども確実に必要となっています。

読み書きそろばんができればまずはこと足りた20世紀から、新しいクリエイティブな力が求められる21世紀へと時代は変化しました。

学校教育によって身につけられる能力の中身も、変わっていかなければいけない。時代についていかねば、学校自体がもう時代遅れで終わったコンテンツ、いわゆる『オワコン』になってしまう。

その対応として、２０２０年の教育改革・大学入試改革は出てきたものなのです」

2020年の教育改革は、
学校が「オワコン」に
ならないための方策なのだ！

なるほどこの変化の道筋は、非常に納得できるところだな。

ただし、と宝槻さんはさらに続ける。いまの話は「能力開発」という分野に視野を限定した場合のことであり、現在はそれにとどまらない流れもあるという。

どういうことか。

「好き」が自立して生きる力につながる

親に子どもへ期待することを聞くと、このところ「好きなことを見つけて取り組んでいってほしい」という声がたいへん増えてきているのだという。


「敷かれたレールの上を歩いていくだけではもたない時代だということを、大人の側もすでに認識しています。クリエイティビティを発揮して道なき道を進むには、好きなことをやっていないと続かないのもわかっている。

ならば子どもには、何か打ち込める好きなものを見つけてほしいと思うのが親心というわけですね。

そうしたニーズに『能力開発』を旨とする教育は答えを与えられない。『興味開発』という新たな領域が誕生するのは必然で、それが私たちのやっていることなのです」

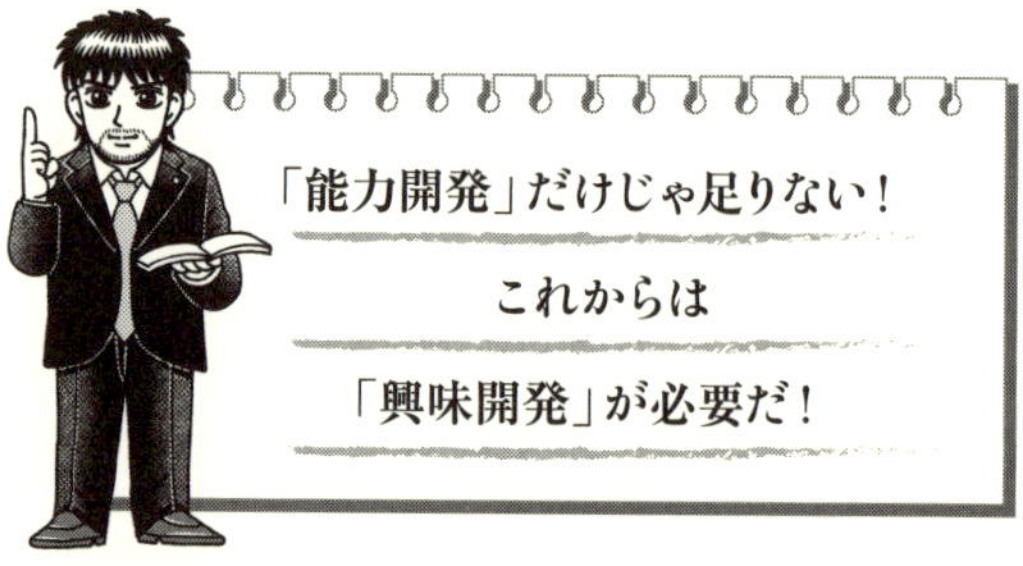

「能力開発」だけじゃ足りない！
これからは
「興味開発」が必要だ！

つまりはこういうことだ。これからを生きる子どもには、自立して生きる力を身につけること、それに、好きなものを見つけ、それを創造的に続けていくことの双方が期待され、求められている。

探究学舎では、好きなものを見つけ続けていくことという新しいニーズに特化して、授業が組まれているのだ。

ゲームや漫画、ドラマをきっかけに

探究学舎には教科横断的にたくさんの授業がある。

その中には「戦国英雄編」「戦国合戦編」というものもあり、とかく遠い世界の話ととらえがちな歴史を「自分ごと」として体感できると人気だ。

授業内容には、子どもたちの興味をひくための工夫が詰まっている。たとえば戦国時代を制した織田信長とその時代について学ぶとしたら……。

「信長はたくさん材料があるからやりやすいですよ。まずは人気の『信長の野望』というゲームがありますね。そこからやってみるのがいいでしょう。

勉強につなげる特別なやりかたがあるかって？　いいえ、ごくふつうにゲームを楽しめばいい。それで信長の人となりや、めざしたことが手に取るよう

にわかります。『信長の野望』から派生したミュージカルなどの舞台もありますから、タイミングが合えばそれも観たいところです。

さらには信長を主人公にした大河ドラマがあるのでぜひ視聴を。文字からも触れたいですね。信長やその時代を題材にした漫画や伝記も読みましょう。漫画で読む歴史のような、楽しくスラスラ読めるものでいいです」

まるで遊びの延長のように思えてしまう……。が、それでいいのだと宝槻さんは断言する。

のめり込めば知識は後からついてくる

「信長については本当にいろんな作品があって、どれを手に取ればいいか迷ってしまうかもしれません。

そんなときの選択基準は、エンターテインメントとしてよりおもしろそうなものでかまいませんよ。要は、信長という人物やその時代のことを、いかに生き生きと感じ取れるかどうかです。

彼が命を落とした本能寺の変は何年だったかといった年号や、歴史的出来事の意味が、そんな方法で頭に入るのか?という疑問が湧くでしょうが。

そんなことは気にしなくていいんです。もしも子どもの興味・好奇心に火がついて、信長のことを身近に感じ、その時代のことをもっと知りたいと思うようになったら、年号のひとつやふたつ、そのうちいやでも頭に入ってくることでしょう」

興味づけを重視して選ぶ

ここでもうひとつ疑問に思うんじゃないか？　ゲームやドラマや漫画から歴史に触れるのは、確かにわかりやすいかもしれない。ただ、エンターテインメントは話をおもしろくするために、史実を曲げたり人物像をデフォルメしたりする。それでは不正確な知識を身につけてしまうことになりはしないか、と。

この点についても宝槻さんの見解は明快だ。

「うそでもまちがっていても、かまいません。その道の研究者の方は、そうしたエンターテインメントを見て、ここが、あそこがまちがっていると指摘するかもしれませんね。職業柄、そうせざるを得ない面はあるのでしょうが、では最初はどうだっただろうというところに目を向けてみたいところ。

いまは専門家になった方も、最初にその分野の知識に触れたとき、そんなに正確さを重視していただろうか。何これ楽しい、おもしろい！という純粋な興味から入っていったんじゃないでしょうか。

デフォルメされていたり演出されていたりしたほうが、ものごとは絶対おもしろくなりますよね。興味開発という観点からすれば、正確性のみ重視して読むのが苦痛の書物より、エンターテインメント作品のほうが優れているといっていいのです。

そもそも、信長は最期を迎えた際、燃え上がる本能寺の中で名言を残した、舞を踊ったというシーンを私たちは漠然と頭に浮かべますが、それってフィクションでしょう。だれが見てきたわけでもなく、ただ小説やドラマでクライマックスをつくるためにシーンを想像した。

ものごとに触れる最初は、正しい知識である必要なんてありません。とにかく興味に火がつけばいいんですよ」


なるほど、まずは楽しめ、興味を持てとの教え。そういわれると、学ぶことに対して構えず気楽に臨めるようになるものだ。

「興味開発」の第一歩は、
エンターテインメント作品の
徹底活用だ！

種まきまでが大人の仕事

子どもの興味に火がついたあとは、親としてはどうしたらいいいか。

「種をまく、つまりきっかけづくりをするまでが大人の側の主な仕事です。そのあとは基本的には本人に任せる以外はありません。

実際に探究していくのは子どもたち自身なのですし、自分で歩を進められないようでは、自力でワクワクするものを見つけてくる術が身についたとはいえません。

あとはできれば、興味関心を分かち合える仲間がいるといいでしょうね。同じ趣味を持った友だちさえいれば、『おまえあれ見た？ ヤバイよね！』などと刺激し合い、どんどん興味が深まっていくはずです」

興味の種をまいて芽が出たら、大人の側はもう手出ししなくていい。ただ、ときおり水をやるようなことはもちろんしたっていいのだ。

子どもの興味を促すサポートも大事

「興味を持った分野の講演会を見つけてきて連れ出してやるですとか、博物館などに連れて行く、各地の城めぐりをするというようなこともいいですよね。

博物館なんかに行っても、子どもはたいして喜ばないんじゃないか。そもそも自分だってそんなに関心を持てないし……、などと思いますか？　それは興味の種をまいていないからですよ。

たとえば、博物館にはよく元素の立派な標本が陳列されています。何も知らなければ、よくわからぬ石が並んでいるなと思うだけで、立ち止まることもなくスルーしてしまいますよね。

でも、探究学舎には元素編の授業もあります。これを受けてから標本を見たら、『わあ、水銀じゃん！』などとすごく反応しますよ。好奇心や探究心が芽生えていると、ものの見えかたが変わり、そのものの価値がちゃんとわかるようになるものです。

東京・上野にある国立科学博物館には、何やら古めかしい置き時計が展示されています。何も知らなければ、ふうん、なんか貫禄あるなくらいで過ぎてしまいそうです。

これは万年自鳴鐘と呼ばれ、東芝の創業者・田中久重が何年もの歳月をかけてつくり上げたものです。驚くべきアイデアを含んだ構造で成り立っていることを知って、興味開発をおこなったうえで出合えば、まったく異なる見えかたをすることでしょう。

子どもにそんな生き生きとした体験をする種を植えつけるには、大人の側だって同じようにものごとに大いに関心を持ち、好奇心に満ちた目で世の中を眺める習慣が必要になります。

まずは大人の側が、知ること学ぶことを楽しむ姿勢を持つ。それが子どもを伸ばすための第一歩になることでしょう」

親はココに着目・注意せよ

興味開発につながるものならなんだって、惜しみなく与えればいい。芽がどこから伸びてくるかはだれにもわからない。

ものごとに興味を抱け！
そうすれば勉強だけじゃない、
人生すべてが圧倒的に楽しくなるぞ！

「ドラゴン桜２」から

Q 学びの本質って何だと思いますか?

A 当たり前のことですが、テストの点数や偏差値をあげることは学びの本質ではありません。そして、将来的に、このこと自体が価値を失っていく可能性すらあります。だからこそ、「自分は何のために学ぶのか？」という問いを大切に扱っていく必要があります。それは、決して他人から教えてもらうものではないからです。僕は人生を通して、学ぶことは「驚きや感動に出合うこと」なのだということを知りました。この世界に秘められたさまざまなしくみや物語──。そうしたものを一つひとつ掘り起こして、自分の世界観を広げ、世界を見る解像度を高めていくこと──。ものごとの真価を深く味わえるようになること──。これが僕にとっての学びの本質です。

宝槻泰伸さんがすすめる1冊！

「宇宙創成（上）」
サイモン・シン
（新潮文庫）
＊このタイトルは、（下）もあります

この本は、イギリスのサイエンスコミュニケーターが書き上げた名著です。人間は宇宙の始まりについての知識をどのようにして手に入れることができたのか？　そこには数千年にわたる、人類の天空をめぐる探究の物語が存在します。ガリレオ、ニュートン、アインシュタイン……。数々の科学者、天文学者は、どんな謎解きに挑戦したのか？　宇宙をめぐる人類の謎解きの物語です。

4時間目

理科

物理学者
村山斉

生物学者
福岡伸一

日常に潜む身近な興味・関心を「理科的思考」へ接続させるんだ！

物理学者
村山　斉

©Kavli IPMU

村山斉
1964年3月21日生まれ。物理学者（素粒子物理学）。米国・カリフォルニア大学バークレー校教授。東京大学カブリ数物連携宇宙研究機構主任研究者、教授。国際基督教大学高等学校卒業後、東京大学理学部に進学。東北大学の助手を経て米国に渡り、研究活動をおこなう。

はじめから理科嫌いの子どもはいない

専門の素粒子物理学を通して、物質とは何か。それはどんな法則に支配されているか。宇宙の起源となりたちは。どうして私たちが存在しているのだろう？

そんな壮大な問いに日々向かい合っているのが、カリフォルニア大学バークレー校教授の村山斉さんだ。

物理や宇宙の世界のことを、わかりやすく社会に伝える活動にも注力している。数学や理科、ましてや物理と聞くだけで頭を抱える向きも多いなか、どうしたら子どもに興味・関心を持たせることができるのか、ぜひ村山さんに聞きたいところだ。

「苦手意識を持つ人はけっこういますよね。でも思えば、それは大人の考えかたです。子どもには本来、そんな先入観はないはずなんですよ。ですから、少なくとも大人が理科を『理解できない難しいもの』などと、子どもの心に刷り込むことだけは避けたいところです。

そのためには、大人の腰が引けていたらいけません。敬して遠ざけるのではなく、もっと気軽に親しむ姿勢を取りましょう。そんなに難しいことをしろというのではありませんよ。まずは自分の興味・関心を、理科方面にもごく自然に振り向ければいいだけの話です。

何かを学ぶ・知る際にはふたつの段階があって、『興味を持つ』と『理解する』というステップに分かれます。

最初の『興味を持つ』というステップについていえば、それほど困難なことじゃありませんよね。何もいきなりすべてを完璧に理解しろといっているわけではないのですから。

ましてや子どもの場合、彼ら彼女たちはもともと好奇心のかたまりです。何を見ても聞いても『どうして?』と問わずにはいられません。自然にしていればあらゆるものごとに興味・関心を抱くものなのです。数学や理科にまつわることだって同じ。理系のものごとだけ最初から毛嫌いする子どもなんていないはずですよ。

ですから、ここで大人がするべきは、『どうして?』との問いをかき消さないこと。

よくあるパターンに、子どもが『ねえこれ、どうして? なんで?』と聞いているのに、親が『そんなことといいの。それより勉強してなさい』と返してしまうというのがあります。

『なんで?』を掘り進めて考えることこそ、本当の勉強ですよ」

理科学習の種はいたるところに

理科的な疑問は、日常のいたるところに転がっている。つまりはどちらを向いても勉強の種だらけなのだと、村山さんが例を挙げてくれた。

「たとえば、あたたかいごはんにカツオブシをかける。すると、オカカはゆ

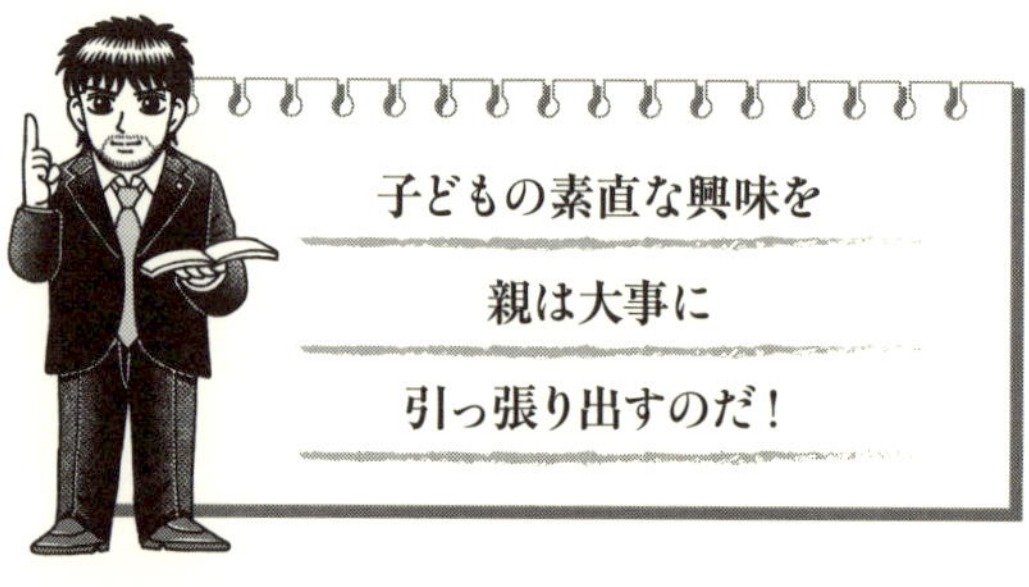

子どもの素直な興味を
親は大事に
引っ張り出すのだ!

らゆらと踊り出しますね。あれはなぜそうなるんでしょう？

子どものころに一度は疑問に思ったんじゃないでしょうか。

そこでは何が起こっているのか。ごはんが熱々だと近くの空気があたためられ、上昇気流ができるのですね。あたたかい空気は軽いから上へ向かう気流ができ、そのためオカカが踊り出す。

「ドラゴン桜」パート１から

ここで『カツオブシ、どうして踊ってるの?』『そんなこといいから早く食べなさい!』というやりとりをしてしまっては、せっかくの子どもの興味をそいでしまいます」

忙しかったり、とっさに答えがわからなかったりと、いろいろな理由から親は子の純粋な問いにこたえてやれないこともあるものだ。よくよく気をつけたいところだ。

身の回りにある「なぜ?」を大事にして

身の回りの出来事から「これ、なんで?」という問いを抽出することが、理科を好きになる第一歩だ。

「見渡せばいくらでもありますよね。ちょっと外を眺めても、なんで葉っぱは色が変わるの?　なぜ空は青いの?　などなど。いずれも科学的には興味深い説明をつけることができます。

もっとささやかなことだって、『なぜ?』を考えれば十分興味深いですよ。炭酸水のボトルのフタを開けるときにすこし振ってしまうと、プシュッと音が出て中身がはじけますね。あれはなんでだろう。

ボトルを振ると、液体に溶けていた二酸化炭素が出てきて空気部分にたまります。つまりボトル内の気圧が上がった状態になり、フタを開けると気圧の差によって中身が噴き出すことになるのです。

ほかにも例を挙げましょう。せっけんで手を洗うと汚れがきれいに落とせるのはなぜでしょうか?

確かに水だけじゃ落ちない油汚れなんかも、せっけんを使うとすっきり落ちますよね。水と油はたがいに反発するので、水で洗っても溶け出してこないのです。

そこにせっけんが加わると、せっけんの分子は油にくっつきたがる部分と水にくっつきたい部分の両方を持ち合わせているので、まず油とくっつく部分が手から油を引き離します。そののち、水を流せば水にくっつく部分の作用で油がともに流れ去っていくわけです」


なるほどせっけんの効果はそんなふうに生じていたとは。解説してもらうと、非常に納得がいくものだ。

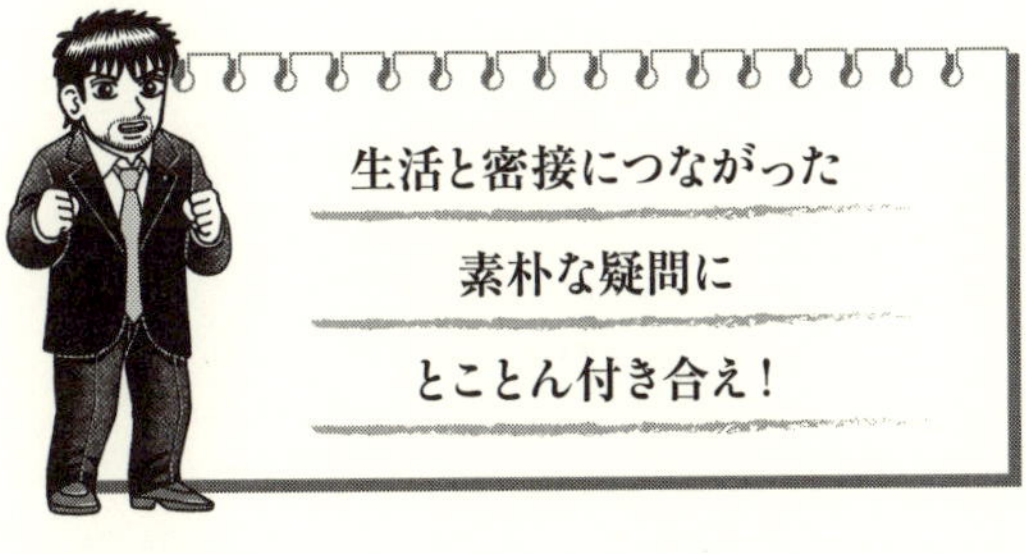
生活と密接につながった
素朴な疑問に
とことん付き合え!

授業で習うことと身の回りの出来事を結びつけて

ただ、ひとつ心配ごとがある。せっけんで汚れが落ちるしくみを知るのは確かにおもしろいが、そうした学びを重ねることは理科の成績に結びつくだろうか。受験に向かう学力を培うことになるのかどうか。

「せっけんが持つ親水基と親油基という特徴は、高校の理科で習う内容ですよ。

それに、手を洗うという行為が分子や原子の世界と関係しているのだとあらかじめ知っていれば、学校の授業で分子や原子が出てきたとき、抵抗感なく学べることにもなるのでは。そんな目に見えないものの勉強をして何になるんだ?といった疑問を持つことなく、かなりとっつきやすくなるとは思うんです」

そう考えると、理科の授業でおこなわれる実験の時間というのは、きちんと取り組むべき貴重な体験だ。

「そうですよ、ちゃんとやったほうがいいです。習う内容にピンとくるかどうか、身近に感じられるかどうかで、理科に対する意欲や知識の定着は大きく変わってきますから」

学校で学ぶことは机上の空論でもなければ、単なる記号の羅列でもない。我々の生活と密接につながっていると知れば、勉強におもしろさを見いだすのもたやすくなりそうだ。

自由研究は成功体験を得るチャンス

「実験」と並んで理科に特有なのが、夏休みの自由研究だ。休みが終わるころにあわてて仕上げた向きも多かろうが、あの課題は理科の勉強の一環としてうまく活用できるものなのだろうか。

「ぜひしっかり取り組んでいただきたいです。自由研究は、成功体験を得るチャンスです。どのようなテーマであれ、自分で決めた課題を最後まで仕上げる機会というのは、なかなかないものですからね。

疑問に思ったことを調べてみれば、何かしら説明が立てられ、自分なりの答えを導けて、理解に到達できるんだということを実感できる。大切なことですよ」

つい親が出しゃばってしまうというのも、自由研究ではよくあるパターンなのだが、どれくらい関わるのが適切なのだろう。

「少なくとも答えを大人の側から指し示してしまうことは、しないほうがいいでしょう。

基本的には、興味関心を共有すること、いっしょに驚いてあげること、調べを進めるにあたって手助けをしてやるといったところにとどめるべき。いっしょに学ぶ仲間のひとり、というスタンスがちょうどいい距離感では」

自由研究には明確な解答や正解がなさそうで、どうにも手応えがなく感じられてしまうのだが……。

「それこそ本当の学びというもののかたちです。答えのないものに挑む体験を、早いうちからやっておくべきです。

むしろ学校の授業や受験でおこなうような、『問1の答えはこれ、問2の答

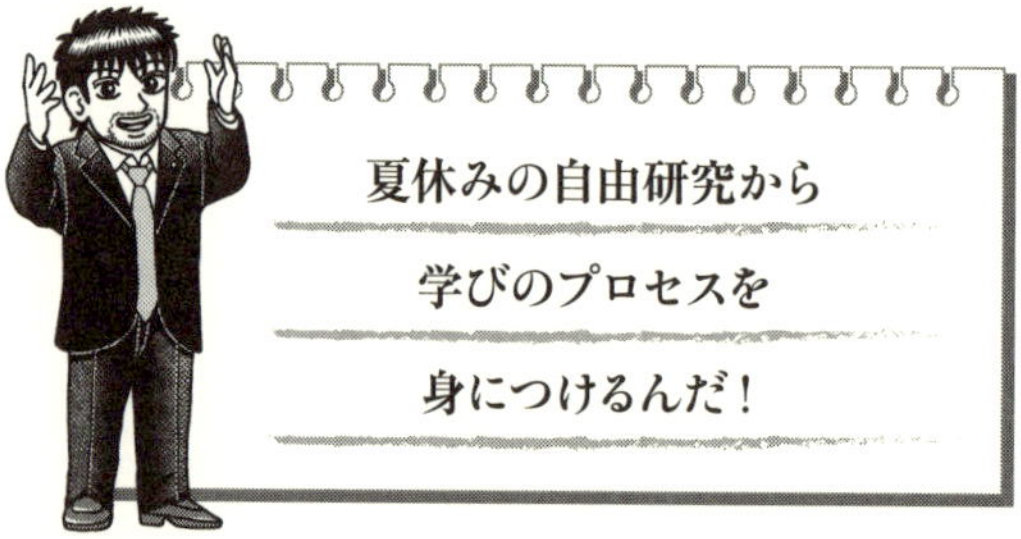
夏休みの自由研究から
学びのプロセスを
身につけるんだ！

えはこっち』と逐一答え合わせをしていけるような勉強が、学びの土台をつくるための特殊なものだと考えておくくらいでちょうどいいですよ」

「ドラゴン桜」パート１から

答えのないことを探る物理の世界

村山さん自身も、好きな物理の学びを進めているうちに答えのない領域へ入っていき、そのとき初めて学問研究の真のおもしろさに気づき、いっそうのめり込んでいった経験があるとのこと。

「理科に特別な興味を抱くようになったのは中学生あたりのことでした。それからあれも理解したい、これも理解したいと勉強をしていって、大学でも物理を専攻しました。

大学院へ進むころになって、ふと気づいたんです。ああ自分はもう答えのないことを探る場所にいるんだなと。

それまでは、答えを得るためにあれこれ調べたものですが、いつの段階かで答えがない問題があると勘づいたんですね。世の中にはわかっていないこと、まだだれも知らないことがある。それを知りたいからみずから研究をするのです。

もちろん研究者になる人というのは世の中全体でみれば圧倒的な少数派ですし、子どもを研究者にしたい親御さんも少ないかもしれません。

ただ、成功体験を経て、何らかの対象に興味・関心を強く抱き、探究しているうちに答えのない領域に踏み込んでいくというプロセスの体験は、どんなジャンルに関わっていくにしてもたいへん役に立つものだと思います」

道筋を立てる力がつく物理

答えのないことについて考えたり調べたり、研究したりして道なき道を進む。それこそが物理にかぎらず学びの醍醐味だと、村山さんは説く。

「そうなるとがぜん楽しくなってきますよ。

たとえば私たちが論文を書いているときって、世界でまだだれも知らないことを自分だけが知っているという瞬間があります。それをのちに発表して、共有の知にしていくわけですが。新しいところを切り開いているんだという感覚は、なかなか気持ちいいものです。

でもこれは、研究者にかぎったことではありませんよね。

ビジネスの世界でも、これまでのモデルがうまくいかない、何かを刷新しなければいけない、次の一歩はどちらに踏み出すべきかという状況はよくあるでしょう。

そのとき人は答えのない問いに直面しているわけで、来たるべき一歩は自分で考え、編み出さなくてはいけません。

ほかの人の成功体験は本や新聞に書いてあるかもしれませんが、自分が取り組んでいることに対してどの成功体験があてはまるかは、みずから判断するしかありません。指針となる考えが自分の中に確固としてなければ、決断することもできませんよね。

わからないことは考えたり調べたりして明らかにし、それらを判断材料にしながら自分の中に明快な論理や指針を打ち立てて、しかるべき選択をしたり結論を導き出したりする。

そうした能力は、たとえば物理を学ぶことで養っていけるわけです」

これからの時代に必要な力が育つ

「私はときにお声がけをいただいて、経営者の方々の会合で話をさせていただくようなことがあります。

宇宙開発をする企業が集まっているわけでもないのですが、聞けば科学的なものの考えかたや思考法を参考にさせてほしいということのようです。

従来のビジネスモデルが通じなくなって、新しいモデルを模索している企業・業界は多いですね。だれかが新しいパラダイムをつくり出さないと、早晩行き詰まってしまうような状況です。

幅広い興味・関心を持ち、自分の知っていることを総動員しながら次の一手を考えられる人が、これほど求められている時代もまたとないでしょう。

そうした柔軟な思考を育める場は、じつは意外に身近なところにあります。そう、小学校からの算数や理科の勉強です。

『こんな計算ができるようになったって、何の役にも立たない……』などと文句をいいたくなることもあるでしょうが、そんなことはない。

そこで培った『考える力』は、のちにあなたが生きていくうえで大いに活用できるし、生きる支えになってくれるはずです」

日本人研究者が多く活躍する物理の分野

研究者になるのではなくとも、科学的な思考法はのちのち、オールマイティな力を発揮してくれるものなのだ。くわえて科学的思考は、実用的なことのみならず、広く「豊かさ」みたいなものをわれわれにもたらしてくれるともいう。

「たとえば宇宙のことを知りたいと思う気持ちは、それを仕事にしている人

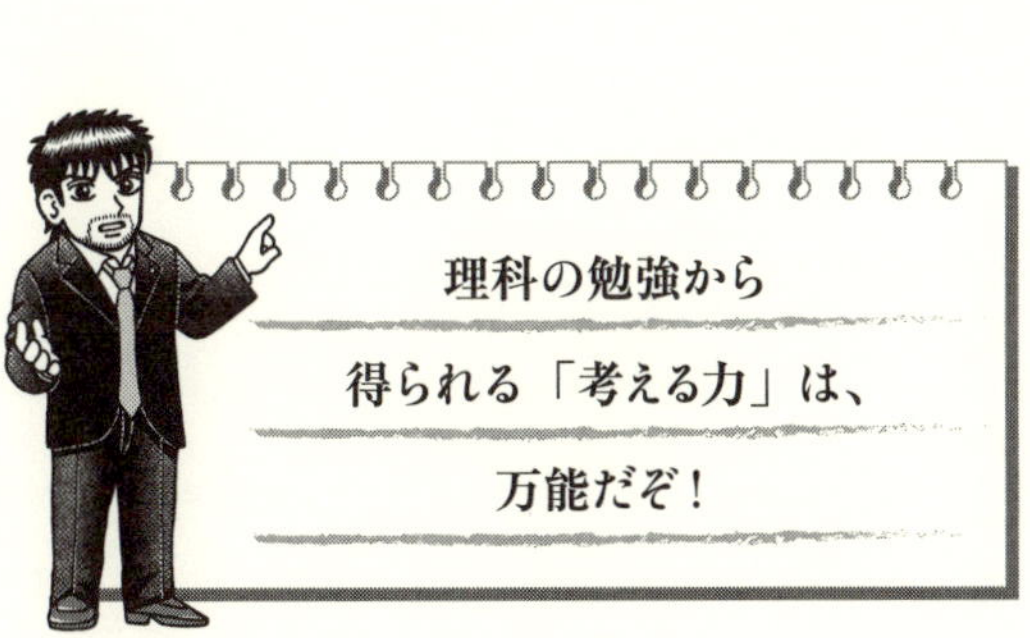
理科の勉強から
得られる「考える力」は、
万能だぞ！

以外にも強くありますよね。知ったところで直接の益があるわけじゃなくとも、です。

それはおそらく、宇宙が私たちの故郷だからです。

あらゆる物質や生命は、宇宙からやって来ました。私たちの身体をつくっている原子は、昔々に爆発した星のかけらに由来しているものなのです。

宇宙のしくみを知って何になるのか？と疑問を持ってしまう気持ちもわかりますが、いえいえ故郷ですからね、というのが答えであっていいと思います。

そう考えると、宇宙のことなんて関係ないといえる人はいなくなりますよね。すべての人の心の豊かさにつながっていますから」

ときに物理の分野では、日本人研究者が非常に幅広く活躍している。なぜなのか。

「そう、不思議なんですよね。日本人のノーベル賞受賞者を通覧しても、物理学分野での受賞がかなり多くなっています。

はっきりとした理由はわかりませんが、推測するに、じつは長い歴史に培われてきた伝統の力があるんじゃないか」

日本は開国前から「物理」に親しんだ

「もともと物理学とは西洋文明の一部であって、明治維新ののちに日本に流れ込んできたものです。が、日本ではわりとすんなりこの異国の学問を受け入れ、吸収してしまった。なぜそんなことができたのか。

すでに日本社会にその素地があったと考えるよりほかありません。日本では開国のずっと前から、西洋とは異なるかたちで物理学の体系があったようなのです。

江戸時代にはすでに、関孝和らが大成させた和算があり、微分積分の術が知られていました。一般の人が数学の定理を証明して神社に奉納する算額という風習もありました。

そうした伝統があったゆえに、急に西洋文明が入ってきても、それを理解し応用して、独自の産業を築くことができたのでしょう。

日本では古くから数学・物理の基礎が社会に浸透していた。そのすそ野があったから、最先端の研究も花開き、ノーベル賞などにもつながっていったのだと考えられます。

日本という国は、世界でもまれなほど資源に恵まれていません。地理的な条件も決してよくはない。それなのに、これだけ強い産業が興り、独自の文化が培われてきたというのは、やはり驚くべきことです。

それを支えてきたのは、一人ひとりの考える力やアイデアの力だったことでしょう。これからの日本が大事にしていくべきものも、考える力やアイデアを出す力を養う学びにほかなりません。

学ぶ気持ちや姿勢を大切にしてうまく育てていけば、そこから未来が見つかっていくのだと思います」

親はここに着目・注意せよ

「実験」や「自由研究」、身近な疑問の解決……。理科は楽しく役に立つことを子どもに気づかせろ。そうすれば理科嫌いになんてならない！

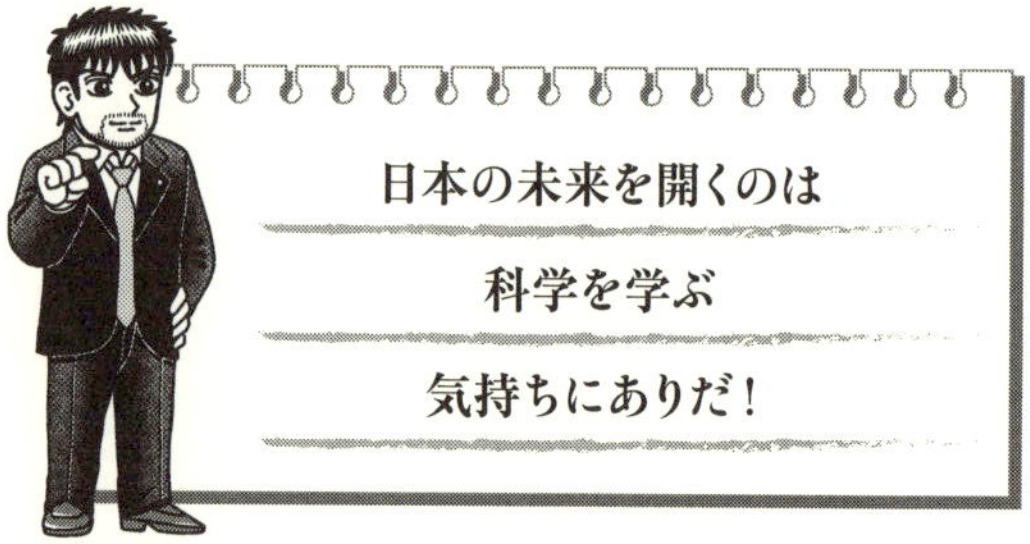
日本の未来を開くのは
科学を学ぶ
気持ちにありだ！

Q　学びの本質って何だと思いますか？

A　学びの本質は、「考える力を育てる」ことだと思います。
一般に「学び」というと、「覚える、理解する、使えるようになる」という印象がありますが、人生で出合う問題のほとんどには、だれかに教わることができる正解がありません。とくに、いまのように変化が激しい時代はそうです。自分で考えて正解を見つけるか？　正解が決まらなくてたくさんの可能性があるときは、自分でそれぞれのメリット・デメリットを考えて決断するか？　どちらにせよ、自分で考えることになります。これができるようになるのが本当の学びです。

村山斉さんがすすめる1冊！

「不思議宇宙のトムキンス」
ジョージ・ガモフほか
（白揚社）

ガモフの本は相対性理論、量子力学といった難しい話を、物語仕立てで「経験」してしまう本です。私自身、子どものときに読んで、「こんな不思議な世界があるのか」と理科・物理に興味を持つきっかけのひとつになりました。オリジナルは内容が古くなってしまったので、ここで挙げた本はのちの人が手を加えた「現代版」になります。コミック版の『トムキンスさん』ジョージ・ガモフ、古川タク（白揚社）もあります。

文系と理系を超えたところに、これからの「学び」はあるんだぞ！

生物学者
福岡伸一

©阿部雄介

福岡伸一
1959年9月29日、東京都生まれ。生物学者。青山学院大学総合文化政策学部教授。京都大学大学院で学んだ後、米国・ロックフェラー大学、同・ハーバード大学で研究活動をおこなう。京都大学などで教鞭を執り、現職。おもな著書に、『生物と無生物のあいだ』（講談社現代新書）、『動的平衡』（木楽舎）などがある。

算数が苦手だから理系の進路をあきらめるのは愚！

文系か理系か、それが問題だ！

進路を考えるとき、みなが真剣に悩むポイントはそこだな。本来なら「文系」「理系」というカテゴリー分けは、大学で本格的に学問を始めるときにようやく必要となるものに過ぎない。それなのに親はつい、文理の選択はまだ先であろう小学生のころから、「うちの子はどうも理系の科目が弱くて……」などと心配してしまうものだ。

実際のところ、文理どちらが得意なのかを、早い時期から見極めることなんてできるのかどうか。また、文理を比べた場合、理系科目を苦手とする人のほうが目立つ気もするが、克服法ははたしてあるのか。

そのあたりを、『生物と無生物のあいだ』（講談社現代新書）、『動的平衡』（木楽舎）などの著作で知られる、生物学者の福岡伸一さんにぶつけた。

生物学ということは、学校の教科でいえば、理科が福岡さんの専門だ。そこで理科の楽しさと勉強法について聞いてみると、

「ではまずは、理科という教科の弁護からしてみましょうか」

と、話してくれた。

「日本の教育で『理科系が得意』といえば、ふつうは算数や数学ができることを指しますよね。勉強のよくできる秀才とみなされるには、算数・数学の成績がいいのは必須です。

これは日本にかぎりません。私は米国で研究していた時期も長いのですが、

彼の地で中学高校の入試といえば、大量の数学と国語の問題、それに論文を課されるのが定番です。洋の東西を問わず、勉強ができる＝算数・数学ができるとなっています」

学問研究の場における理科の存在感

「ネーミングからわかる通り、理科も理科系の教科なのですが、算数・数学と比べると重要性が一段、落ちると思われている。『副教科』的な扱いとなりがちなのは不思議です。

というのも、学問研究の世界では、数学と理科の関係は明らかに逆転するからです。世の大半のサイエンティストは理科分野のことを研究しており、数学の研究者なんてかなりの少数派。私たち科学者から見ても、数学者とはほんのひと握りの天才で、フェルマーの定理だとかポアンカレ予想など超難解な問題に挑み、そもそも理解できる人が世界に10人いるだろうかといった仕事や業績を積み重ねているようなイメージです。研究者というよりも、先端的なアーティストに近いとでもいいましょうか」

なるほどいわれてみれば、われわれがだれかのことを「文系向きか、理系向きか」と判断するときの指標は、たいてい「算数・数学が得意かどうか」ばかりだ。その見方は偏りがあって、あまり正確ではないのかもしれない。

「理科系の知を特徴づけているのは理科なのですが、教育においてはかなり数学偏重となっています。そこにはある種のゆがみがあります。ということはつまり、小中学生のころに算数や数学が苦手だからといって、その人が理系に向いていないとは決していえないのですよ」

そういわれると、すこし視野が広がる気分だ。

生物では芸術的感性がモノをいう

「数学はすべての学問の基礎であり重要なものですが、研究の世界の主流はむしろ理科なのだということは、はっきり申し上げておきましょう。

そして理系分野において、私が携わる生物学は、最も大きなフィールドであることも明示しておきたい。生物学には医学も含まれますから、領域としては非常に大きいのです。

生物学を学び研究するうえでは、高度な数学的知識など必要なくて、じつ

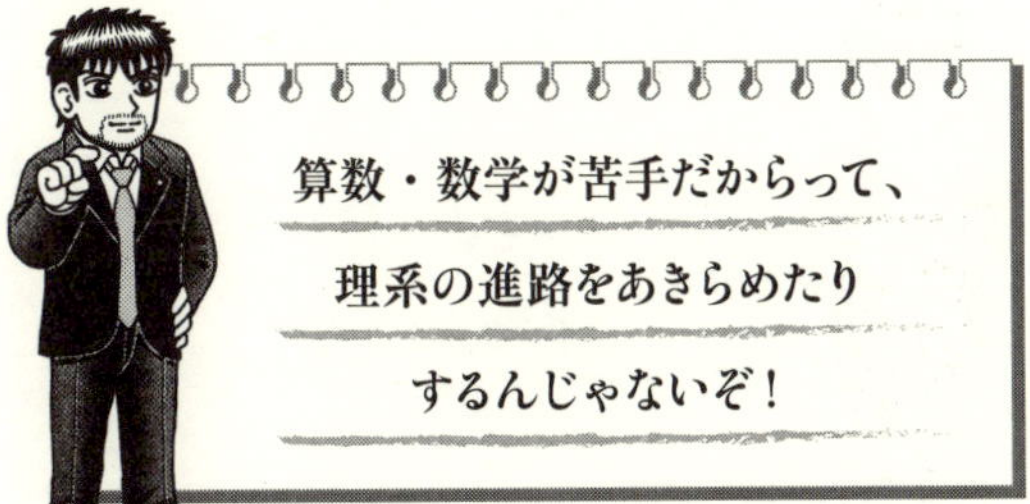
算数・数学が苦手だからって、
理系の進路をあきらめたり
するんじゃないぞ！

は基本的な四則計算ができればたいてい事足ります。少なくとも、微分積分に通じていなければならないといったことはありません。

ですから小中学校や高校で、いま算数や数学に苦労している人も、『自分は生物学のような理系の分野に進むのは無理だ』なんて思う必要は、まったくありませんからね」

そういうものかと、少し安心するものだな。福岡さんは現在、青山学院大学総合文化政策学部の教授職に就いているのだが、文系学部の学生と話していて「この人は理科系のセンスを持っているな」と感じることも多いそうだ。

「とくに生物系は、アーティスティックな感覚が求められます。たとえば細胞を研究するとき、細胞一つひとつは微小なので肉眼では見えず、顕微鏡を用います。ただしごく小さいとはいえ、そのまま顕微鏡で見るには厚みがありすぎる。そこで薄切りにして切片をつくります。そうした切片を観察するときには、これは細胞をどの角度で切った断面なのか、脳内でうまく像を描ける力があるとたいへん重宝します」

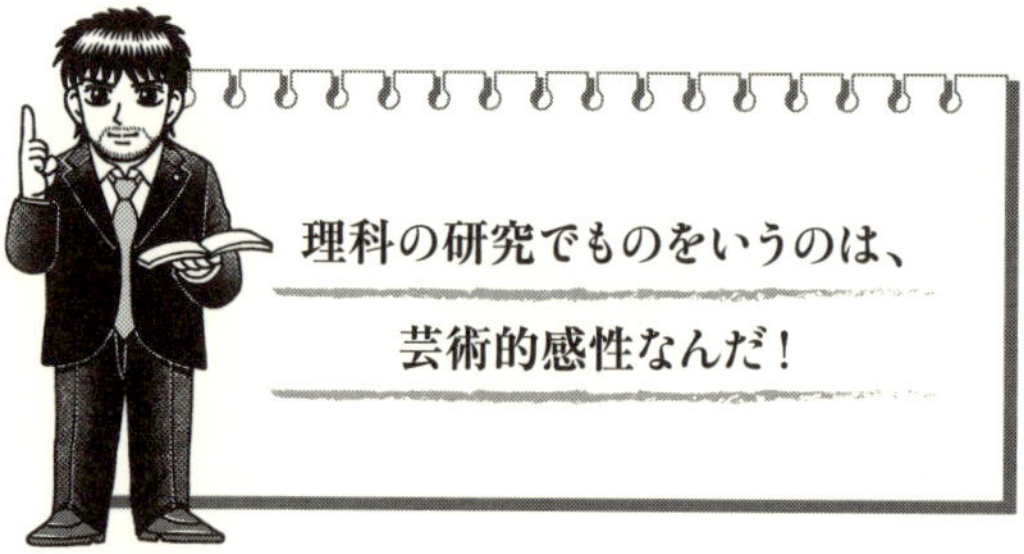
理科の研究でものをいうのは、
芸術的感性なんだ！

大いなる自由を得るため受験を乗り切れ

「いわばCTスキャナーが頭の中に備わっているような能力が、生物学ではとても大切なのです。この力は、微分積分がスラスラできるような数学的能力というよりは、石膏デッサンがうまく描けるといった芸術的才能のほうに近い。この一点を見ても、数学ができないから理科系の学問をするには向いていないなどといえないのがよくわかります」

ならば理科系をめざすにしても、文系科目や芸術的感性を養うことに重点を置いて準備をすればいいのかといえば、そうもいかない。

「実際に生物学者になるためには、受験で数学の点数をしっかり取って理科系の学部に進まないと、スタート地点にも立てないという現実はありますからね。受験制度という壁があるのなら、そこは少し我慢して乗り越えていただくよりほかないでしょう。行き先には、好きなことを存分に学ぶという『大いなる自由』が待っているので、まずは割り切って数学などもしっかり勉強し、ぜひ受験を突破してきてください」

「自分」を探究するのが生物学の基本

「理科、とくに生物学を学ぶというのは、本当におもしろいことなんです」

と、長年にわたって生物学を研究してきた福岡さんは強調する。

ならばさらに、「理科のすすめ」を大いに語ってもらおうではないか。

「人がなぜ脈々と、時代を超えて理科を研究してきたのかといえば、私たちを取り巻く世界、すなわち自然の成り立ちを知りたいからです。自然というと夏休みに行く海や山を思い浮かべるかもしれないですね。それらはもちろん大自然ですが、そんな遠出をしなくたって、じつはだれの近くにも自然は存在します。私たちに最も身近な自然は、私たちの身体です。

自分がいつ生まれていつ死ぬかは、だれにもコントロールできませんよね。いつどんな病気になるかもわかりません。考えてみれば私たちの身体や生命は、自分ではまったく予期せぬかたちで、勝手に動きうごめくものとしてそこにあります。そんなすぐそばにある自然のうごめきの、しくみや理由をよりよく理解するために、私たち人間は、勉強や研究を重ねています。生物学

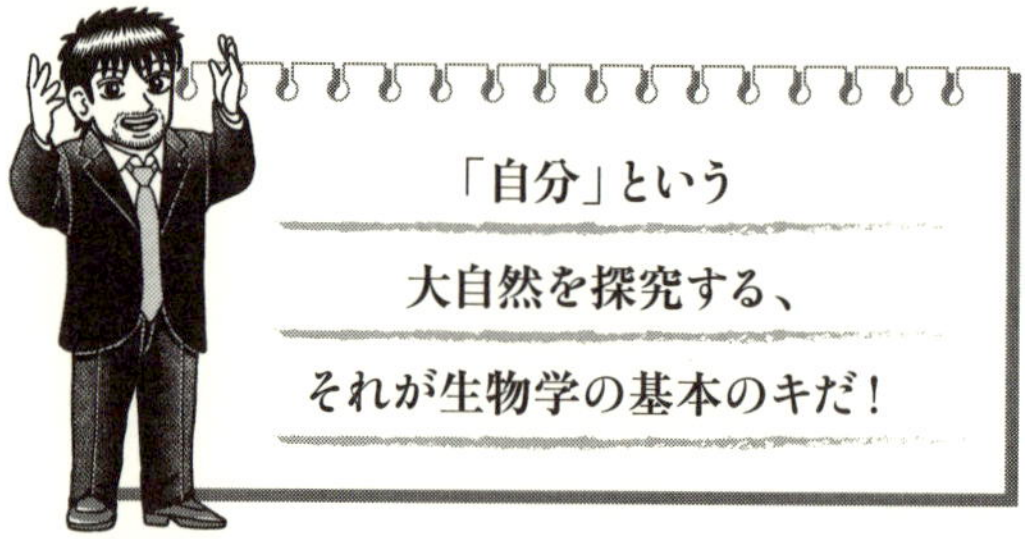

「自分」という
大自然を探究する、
それが生物学の基本のキだ！

というのは、人が生きているとはどういうことかという『生命観』を明らかにするもの。自分自身のことをもっと知るために、この学問はあるのだといえます」

自分の身体を省みれば、それが自然をとらえることになり、生物学の探究にも

「ドラゴン桜」パート１から

つながるというわけだ。そう考えれば楽しそうではあるのだが、実際のところはいざ理科の勉強をするとなれば、あれこれ細かいことを覚えなくてはいけない。とくに生物は、暗記しなければいけないことが、やたらたくさんある印象なのだが……。

「そうですね。まずは学問への入口として、用語などを頭に入れる必要がどうしても出てきます。そこは基礎トレーニングとして、なんとか取り組んでいただくしかありません」

教科書には最低限覚えるべきことが書いてある

「生命を理解するために人がしてきたのは、基本的にたったひとつのこと。それは、分解です。ラジオのしくみを知るには分解してみるのがいちばんわかりやすいでしょう。それと同じように、生命も細かいパーツに分ければしくみがわかるはずだと人間は考えてきました。

それで細かく観察していくと、人間はどうやら無数の細胞が集まってできているとわかった。細胞の内部をさらに詳しく見てみると、たんぱく質や遺伝子、ＤＮＡといった要素でできているらしい。ＤＮＡのかたちはどうか。

どうやら二重螺旋構造をしている……などなど。分解して調べるというアプローチは、近代科学の始まった17世紀あたりからずっと、積み重ねられてきました。

そうした手法によって明らかになった成果が、教科書にはまとめて書いてあり、私たちはそれらを覚えさせられてきたわけです。生物の教科書には、生命にかかわる部品の名前がカタログみたいに羅列してあって、ひと通りそれを覚えなくちゃいけないことになっています」

何事も基礎は大切だから、年代に応じた教科書レベルの内容は、マメに覚えていくしかなさそうだな。ただ、そうはいっても、理科の用語はミトコンドリアだとか何だとか、覚えづらくてややこしいものが多いし、無味乾燥に思える面もある。

基礎を覚えるにあたって、何かいい方法はないものだろうか。

「ひとつあります。用語を無理やり覚えようとするのではなくて、生物学そのものの歴史を知ろうとすればいいんです」

どういうことだろうか。

理科を得意にしたいなら、科学史を学べ

「だれかのことをよく知ろうとしたら、その人が過ごしてきた過去を教えてもらうとわかりやすいですよね。学問も同じ。その分野のことをしっかり学ぶには、学問としての足跡をたどるとわかりやすくなります。科学の歴史、すなわち科学史をひもとくのです。

たとえばミトコンドリアは、教科書的な説明でいうと細胞の中にある小器官で、細胞内の呼吸を司っているということになります。これを生物学史的に見ていくと、ちがう姿が浮かび上がります。

そもそも人はミトコンドリアなどという存在を、かつてはまったく知りませんでした。いまから100年ほど前のこと、研究者が細胞を顕微鏡でのぞいてみると、細胞内に糸くずみたいなものが散らばっているのを見つけた。でも糸のように見えたのは、細胞の断面を観察していたから。断面を脳内で3D化して立体的にとらえてみたところ、どうやらこの糸には厚みがあり、きしめんみたいなかたちをしていると判明しました。

それでもしばらくは、なぜ細胞内にきしめんがあるのかは謎のまま。ですが多くの人が考えを尽くした結果、これは細胞内の狭い空間に多くの面積を

持つ何ものかを収めるため、折り畳まれて巧妙に収納されているのだろうとされました。

では細胞内で折り畳まれたものは、いったい何をしているのか。解明のために、きしめんの上に載っているものをつぶさに調べる人が現れた。するとそこには、酵素という化学反応を司るたんぱく質分が、順序正しく並んでいるとわかりました。私たちが摂取した栄養素を効率よく分解し、エネルギーに変える生産ラインが、きしめん上には並んでいたのです。そこは生命がエネルギーを生み出す工場だったということですね」

そうか、こうして時間軸に沿って、知識が積み重ねられてきた歴史をたどると、ミトコンドリアがどういうものかよく理解できるな。教科書でいきなり「ミトコンドリアとは」と定義だけ教えるのとは、記憶に定着する深さがまったくちがってきそうだ。

個人や民族の過去をたどる歴史はそれ自体がひとつの教科を成しているが、理科にだって歴史はある。科学史は、これからもっと注目されるべき存在だな。何かを知ろうと思ったら、その学問がどう展開してきたか足跡を追っていくと、深い理解にいざなわれるものだぞ。

理科の暗記を
得意にしたいなら、
科学史こそ学ぶべきだ！

「ドラゴン桜」パート1から

のか。

好きなことを学ぶと「人生の宝物」になる

自身の手がける生物学への愛情に満ちた言葉が、福岡さんの口からはたくさん発せられる。ときに、福岡さんは理科の勉強にどう取り組んできたのだろう。理科の成績がよかったであろうことは予想できるのだが、特別な勉強法でもあったのか。

「小さいころは、いえ、いまだって何ら変わりませんが、とにかく虫が大好きでした。ときは昭和の時代で、インターネットもスマホもありませんから、蝶の標本ひとつつくるにも、図鑑で調べたり、あれこれ本を読んだりしなければいけませんでした。それが自然と理科の勉強になっていたところはありますね。

ですから、理科の勉強でさほど苦労したことはありません。好きこそものの上手なれという言葉の通り、対象に関心を持ってみずから探索していくと、勉強は楽しくなるものです」

学びの対象になるものは、学校の教科にあてはまらないものだって、いっこうにかまわないそうだ。

「好きなことがあるのなら、いろんな角度から調べ続けていくといい。そのうちそれが人生の宝物になっていくことでしょう。

たとえば大好きな小説があるとする。なぜ自分がその小説にそれほど『ハマる』のか考察を深めてみる。または著者はどういう人なのか、詳しく調べてみる。どこに住んでいたのかわかるなら、その土地に行ってみるのもいい。そこからまたいろんな発見が生まれますよ。

自分のひかれるものをよくよく観察し、どこにおもしろさを感じているかを考え、そこを手がかりにものごとを探究していくと、芋づる式にいろんな学びを得ることができるはずです」

「学び」は無限に広がっていく

「自分の経験からいいますと、私はかねて17世紀の画家フェルメールという画家が大好きです。すべての作品を観にいく旅を長らく続けてきました。このフェルメールという『夢中になれる対象』との出合いは、小学生のときでした。

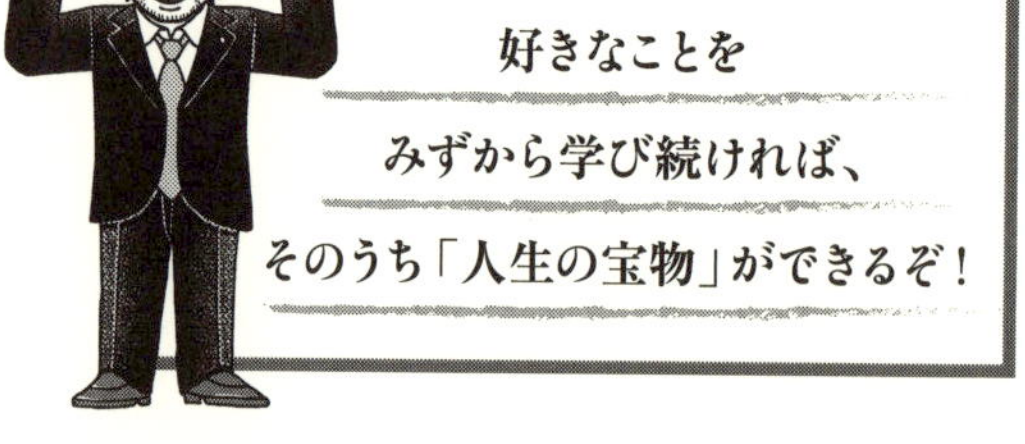

先ほど述べた通り虫が大好きだった私は、その虫を観察するための顕微鏡にもたいへん興味を持っていました。そこで顕微鏡の歴史をたどっていましたら、17世紀にオランダで活躍したアマチュア科学者・レーウェンフックという人に行きあたりました。

その人の生きた時代をさらに調べていると、同じ町にはフェルメールという画家も住んでいたという。そうか、こんな人もいたのかと認識はしたものの、そのことはすぐに忘れてしまっていました。

のちになって米国へ留学していたとき、美術館へ足をのばしてみると、実物のフェルメール作品と出合えました。小さくて写実的な絵の画面から科学者的な視点が感じられて、強くひかれました。聞けばフェルメール作品は世界に37点しか現存しないという。まあ諸説ありますが。ともかくこれは全部観てみたい。世界中を訪ね歩こうと決意を固めました。37というのは素数ですしね。そういうところにもつい、美しさと宿命を感じてしまうんです。

20年ほどかけて全点を見て回りました。フェルメールは知れば知るほど謎が深まっていく不思議な存在です。いまだ魅せられ続けていますが、こんな楽しみだって、小さいころのちょっとした興味・関心を持続してきた結果ということになりますね」

みずから学び続けることが、福岡さんの人生をつくり、彩ってきたことがよくわかる話だ。その姿勢から感じ取れることは、たくさんありそうだ。

親はここに着目・注意せよ

好きなものができたら、存分に深掘りできる環境を用意するのが、大人の役目だ!

Q 学びの本質って何だと思いますか？

A 自分の「時間軸」を持つこと、だと思います。

学校の勉強はついつい知識の暗記や操作方法（微分計算はこうする、など）の習得に重きを置きがちですが、学問のおもしろさは、なぜ人類がそのような発見や思考、世界観を身につけるに至ったかということにあります。つまり文化を学ぶと同時に文化史を学ぶこと。それが時間軸です。教科書やネットの中に時間軸はあまり書かれていません。しっかりした本を読むこと、自分で調べることによってだんだん見えてきます。その上に、初めて自分の時間軸を加えることができます。これが学びです。

福岡伸一さんがすすめる1冊！

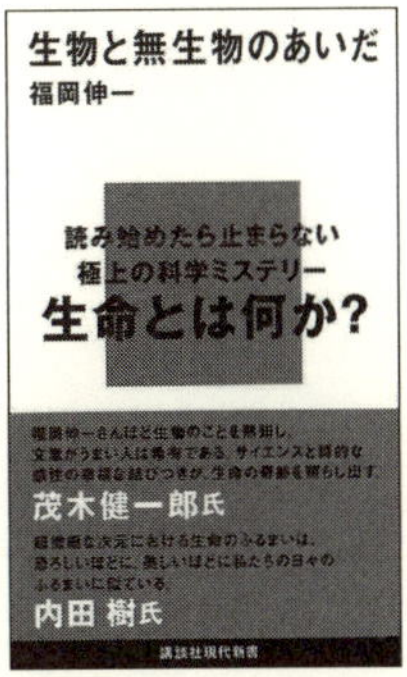

「生物と無生物のあいだ」
福岡伸一
（講談社現代新書）

科学者たちが、生命とは何か、という大きな問いに対してどのように取り組んできたかをひもとくことによって、生命観の時間軸を明らかにしようとした作品です。近代の生命科学は、生物をミクロなレベルに解体し、遺伝子の本体であるDNAと、その複製メカニズムを明らかにしました。しかし、それだけが生命の本質ではありませんでした。たえず変化しつつ、みずからを分解し、つくり変えながらバランスを取る、という生命現象の特性、つまり動的平衡にこそ生命を定義づける鍵がある、というもうひとつの時間軸を提案しています。

5時間目 英語

スタディサプリ・英語講師
関 正生

工学院大学附属中学校・高等学校 中学教頭
高橋一也

英語学習は「まちがい」「知られていないこと」だらけだった！

スタディサプリ・英語講師

関 正生

©小野奈那子

関正生

1975年7月3日、東京都生まれ。スタディサプリ・英語講師。埼玉県立浦和高校、慶應義塾大学文学部（英米文学専攻）を経て、予備校講師に。TOEIC®Listening & Reading Testで990点満点取得。英語参考書や語学書の執筆も手がけ、著書は、『子どもの英語力は家で伸ばす』（かんき出版）など80冊以上にのぼる。モットーは「英語に丸暗記はいらない」。

求められているのは英語の四技能

2020年の教育改革が話題に上るとき、最も大きな変化が訪れるものとして心配の的になるのが英語だ。

現状の大学入試は「読み」「書き」の力が主に問われているが、くわえて「聴く」「話す」も重視し、これら四技能をバランスよく身につけていることが求められるというのだ。

となると、「いっそう英語に力を入れなければ」「少しでも早く英語学習をスタートさせるべきでは？」という気持ちにさせられる。実際には、どう対策をしたらいいのか。

そのあたりを教えてもらうのにぴったりなのが、オンライン予備校「スタディサプリ」の講師として、年間50万人近い中高生に英語を教える関正生さんだ。

受験において早期英語教育は必須じゃない！

英語教育におけるプロ中のプロに方策を尋ねてみると、答えは明快だった。

まず、受験という観点から見れば、「人より早い英語学習のスタートはとくに必須ではない」という。


「というのは、効果に疑問があるからです。あくまで体感的な話ですが、早期英語教育を受けた子たちが、そのまま受験を突破できるレベルまで伸び切る例というのは、あまりにも少ない気がします。

なぜそうなるのか。まず、早い時期に英語を始めると、受験までの月日が長すぎてしまい、意欲が保てないのです。

それに受験はどの教科でも、トータルの能力が求められます。英語に時間を割くあまり、ほかのことに時間を使えなくなるという単純な問題もあります。

これまで予備校で数えきれないほど多くの生徒を見てきた経験に照らしても、『この子はすごく英語ができるな』と思わせる人で、早期英語教育を受けていた例はかなり少ないです。

確かに早いうちから英語を習えば、ほんの4、5歳の子だって、いくつかの単語と決まり文句を使って英語が話せるようにはなります。

ですがそれはちょっとした『まねごと』のようなもの。受験に直結しないのはもちろんのこと、本物の英語力ともいいがたい。

早期教育を否定はしませんが、『うちの子、もう英語をしゃべれるんです』と親が自慢したいがために、子どもを利用している面はないでしょうか。いまいちど自分の心に問いかけてみたいところです」

なるほど、つい「頭の柔らかい幼少期から英語に触れさせておいたほうが……」などと思ってしまうが、それが正解ともいえないということなのだ。

「改革」と聞いても

焦るんじゃない！

早期英語教育の効果は限定的だ

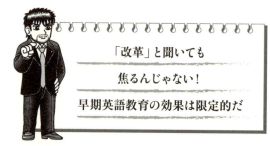

中1までは「英語＝新しい世界」への興味を醸成させる

幼児のころから英語を始める必要は、受験という観点からすればあまりないというわけだが、では英語に真っ向から取り組むべきは、いつなのか。

「受験を見据えるなら、中学2年生から本格的に始めるというので十分だと考えます。

中学1年生の分はどうするのか?と思われるでしょうが、中1の最初のころは本当に初歩の初歩の内容なので、真剣に勉強を始めればすぐ復習が完了しますから心配いりません。

とはいえ定期テストはあるでしょうから、そこはきちんと点を取れるよう勉強したほうがいいですね」

ふむ、中学2年生から本腰を入れれば十分とは、ちょっと驚きだな。そんな悠長に構えていていいのだろうか。

「あまり早くから取り組むと、英語学習に対する新鮮さが失われます。

学校の英語が得意だったかどうかは別にしても、初めて英語に触れたときのおもしろさって、あったと思いませんか？

それまでまったく知らなかった世界への扉が開いたような、わくわくした感覚があったんじゃないでしょうか。そうした英語のおもしろさを強く感じさせるには、英語を始めるのを少し遅らせたほうがいいんです。

ぐっと我慢して、『あそこにおもしろそうなものがあるじゃないか』と飢えた気分を醸成する。その後にようやく英語の世界に触れれば、興味・関心・意欲の爆発が期待できます。飢えを感じるほどおなかをすかせたほうが、おいしく料理を食べられるじゃないですか。それと同じです」

ただし、難しい問題がひとつ。いまや小学校の授業にも英語が取り入れられているではないか。「ウチは中学2年生からでけっこうです」といって授業を受けないわけにもいかない。

そこは落ちこぼれない程度に、うまくやっていかないといけないだろう。

「そうですね、2020年度からは小学3、4年生で早くも『外国語活動』と呼ばれる授業が始まります。5、6年生では、英語が正規の授業に取り入れられることになっています。こうなると、やらないわけにはいかない。

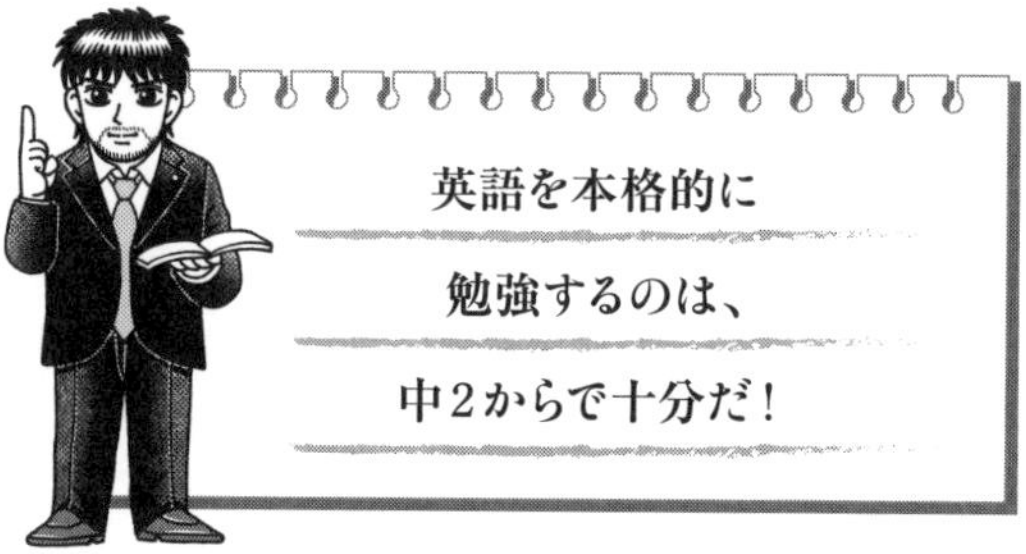
英語を本格的に
勉強するのは、
中2からで十分だ！

学校の勉強として、最低限のことだけは取り組んでください。ただ、ここで落ちこぼれたって心配はありませんから。このレベルの英語なら、中学生になってからちゃんとやれば、遅れは数週間で取り戻せます」

英語は丸暗記じゃない！

ここでもうひとつ疑問が湧く。英語といえば単語に熟語、文法に構文と、覚えなければいけないことが目白押しだ。英単語などは、早い時期に覚え始めれば語彙力がついて、のちのち有利になるんじゃないかと思うが？

「ああ、まさにそこが誤解のポイントになってしまうんです。確かに単語をたくさん覚えなければ、英語は読めないし書けるようにもなりません。

ただし、英単語を覚えるにしても、本人にある程度の国語力が伴っていなければ、意味のある知識にはならないのです。つまり、むやみやたらに暗記したって、英語の力はつかないということです」

これも意外な話ではないか。英語とはまずもって暗記教科。覚えに覚えまくって基礎力を養わなければ、先には進めないと思えてしまう。

英語は丸暗記じゃない？　ではいったいどう勉強すればいいのか。

「ドラゴン桜」パート１から

英語力アップには国語力が必要！

「たとえばちょっと難しめですが、arbitraryという単語があります。日本語訳は『恣意的な』とされます。

まじめな子はこの単語を一生懸命に暗記して、意味を問うとちゃんと答えられる。でも続けて『恣意的ってどういうこと？』とたずねると、『わかりません』という。

日本語として意味が取れていないわけです。それでも疑問を持たず、丸暗記したからＯＫと思ってしまうわけです。驚くかもしれませんが、こういう子は現実に一定数いるんです。

この状態では、単純な単語テストではマルがもらえますが、長文の中で出てきても意味が取れないでしょうし、arbitraryを含む文を訳す問題が出てもうまく解答できませんよね。

使える知識にするには、arbitrary＝恣意的なというだけでは足りず、恣意的という言葉の語感をとらえて『気ままな』『気まぐれな』『自分勝手な』などと言い換えられなければいけません。

外国語学習は母国語がベースです。英語の学力アップには国語力が必要というのは、そういう意味です。

受験英語の長文問題で安定して点が取れない子は、かなりの割合でいます。その人たちは、英語を丸暗記の教科だと思って勉強してきたパターンが多い。英文を見たら日本語訳をピタッと貼りつける発想しかないので、応用力を働かせることができず、丸覚えしていない英文にはからきし歯が立たなくなるのです」

丸暗記英語は思考力育成の妨げとなる

ということは、だ。英語を伸ばすにはまず国語をやれということ?


「いえ、ここでいう国語力とは、それほど高尚なものを求めているわけではありません。年齢相応に生きていける常識的な力があればよく、国語の成績が抜群じゃないと英語はできないという話でもないんですよ。

むしろ早急に正すべきは、「丸暗記」という勉強方法です。丸暗記英語にどっぷりつかってしまうと、英語の成績が頭打ちになるだけじゃなく、子どもの思考力が育つのも邪魔してしまう。また、教養としての英語も身につきません。

“Oh, my God.”というフレーズがありますね。早期英語教育の場でこれを丸暗記させて、幼い子がパッといえると、すごいね！と、親としては喜ぶかもしれませんが、このフレーズ、海外では教養ある人はあまり使いません。“God”という単語を軽々しく口にするのは、よいこととされないからです。丸暗記英語に慣れ切ってしまうと、実際に使われている英語はどんなものだろうと探る観察力も養えず、修正力が働かない。英語を身につけるという目的には近づけないのです」

構文から見える文化的背景も知ろう

英語をマスターするために、よかれと思ってやっている丸暗記英語は弊害ばかりということのようだ。では、そうならないための英語の学習法とはどんなものだろうか？

「常に意味を考え、理解しながら英語を覚えていくことが必要です。そうすればちゃんと英語の学力もつくし、使える英語が身につき、思考力も伸ばせます」

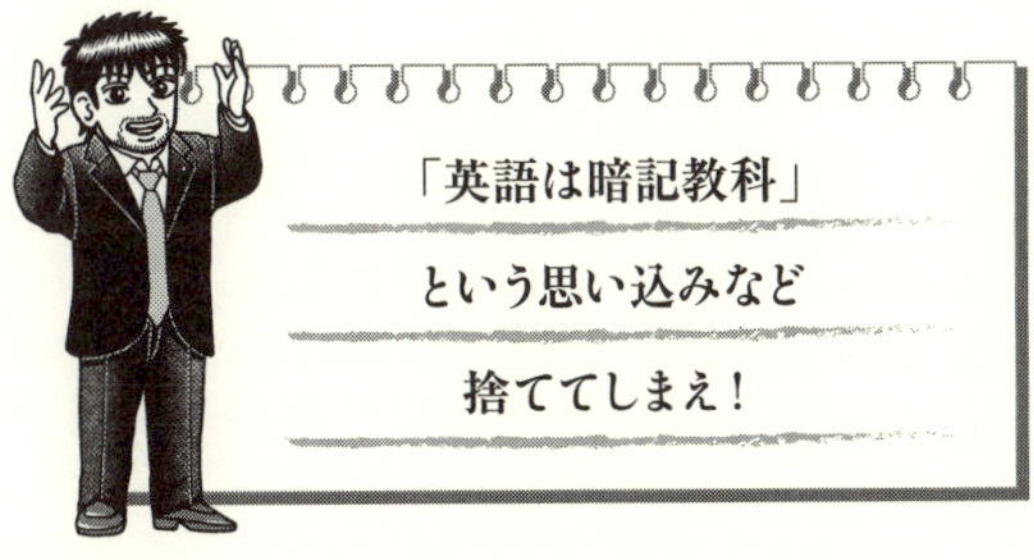
「英語は暗記教科」
という思い込みなど
捨ててしまえ！

これはつまり教える側の問題が大きいということだな。この単語帳に載っている語句はいつまでに全部覚えろ、テキストに出てきた構文、テストで頻出するから覚えておけ、というようでは、丸暗記を促すことにしかならない。

「本来、英語という知識体系にはすべて意味がある。教えるときには単語一つひとつの成り立ちを説明し、文法に含まれる英語圏の人たちの思考法のクセを指摘し、構文から透ける文化的背景を踏まえる必要があるのです」

そうすれば単語も文法も構文も、納得のうちに頭に入ってくるはずだ。教える側に「英語を語れる」能力が必要となる。

「その通りです。丸暗記英語ではない学習は、最初は子どもが自力でできるものではありませんから。

私の授業は丸暗記英語を排し、ひとつずつ理解を深めながら英語を覚えていけるよう工夫していますし、そうなるよう長年改善を重ねてきました。丸暗記ではない英語とはどういうものかを知るには、ぜひ『スタディサプリ』の授業をのぞいてみてほしい。それがいちばん早い！というのが私の思いです」

「理解」が伴えば知識は定着する

ここでひとつ気をつけるべきは、理屈を知り納得しながら勉強を進めようとするとき、何も単語や文法を覚えなくてもいいというわけじゃないということだ。

「はい、知識なんていらないということではまったくありません。そうではなく、勉強のプロセスを変えようということです。英語を理解しながら頭に入れていけば、心配せずともしっかり頭に残っていくものですよ。

むしろ丸暗記のほうが心配でしょう。丸覚えしたものは短期間の記憶にしか残らず、ある程度の時間が経てば丸忘れしてしまいます」

理解しながら英語を学ぶ。そのほうが勉強は楽しそうではあるのだが、さて、本当にすべての英語の事象に理屈や語るべきものがあるものなのか？

「もちろん。言語とはそういうものです。たとえば“Good morning.”というあいさつ。この言葉を知らない人はいないでしょうけれど、直訳すれば『よい朝』というフレーズがなぜあいさつになるのか。

あれはお祈りなんですよね。『あなたによい朝が訪れることをお祈りしています』という意味を、縮めていっています。“I wish you a good morning.”を省略したものなんです。

英米文化圏のあいさつはすべてお祈りからできている。そうした文化の特徴やちがいを知ることが大事ですし、それがわかるとほかのあいさつフレーズもすんなり覚えることができるんじゃないでしょうか」

理由の追求が英語をおもしろくする

理解しながら英語を学ぶ例を、もうひとつ挙げてもらおう。

「中学1年生で習う現在進行形には、動詞によって現在進行形になるものとならないものがあることが、重要なポイントのひとつとなります。現在進行形にならない単語はたとえば、“know”“like”“want”などがあります。なぜなのか。

最初のうちは『これはなる、こっちはならない』と丸覚えしてもなんとかなりますが、高校あたりになるとたくさん単語が出てきて、覚えきれなくなってきます。

しかし、理由を知っていれば、混乱することはなくなりますよ。そこには明確なルールがあって、5秒で中断・再開が自在にできないものは進行形にならないのです。

“know”“like”“want”の『知っている』『好き』『欲する』は、5秒以内にコロコロ変わったりしませんよね。5秒前は知っていたけれど、5秒後には知らなくなるということはありません。

私はこれを『5秒ルール』といっています。ルールの存在をいちど覚えてしまえば、一生使える技となりますよ。

英語学習の世界では理由なんてない、英語ではそうなっているので覚えましょう、という教えかたが主流になってしまっていましたが、それではやる気も失せてしまいますよね。

理由を追求していくことで、英語の学問としてのおもしろさにも気づいていけるはずです」

英語学習のプロセスを見直せ！
つねに意味と理由を考えて学べ！

大学が求めるのは文献が読める人

丸暗記ではない英語学習、ぜひ心がけたいところ。ただ、同時に気になるのは2020年の教育改革だ。

四技能の習得が唱えられるなど、英語で最も大きな変化が訪れるようにいわれているが、「丸暗記じゃない英語」を学べば教育改革を乗り切れるのかどうか。

「教育改革があるからといって、学習者が振り回される必要はありません。これまでと変わらず、丸暗記ではない英語学習を進めましょう。

世間では、受験にスピーキングまで取り入れられるのなら、何かしら対策をしなければという風潮があるのはわかります。それでもやはり従来通り、とくに英文法と英文解釈に力を入れて受験勉強をするべきなのです。

大きな理由はふたつあります。

まず、大学受験の問題をつくるのは大学の先生だからです。先生方は正直なところ、自分の研究室できちんと研究できる学生が欲しいに決まっています。

流暢に英会話ができれば越したことはありませんが、それ以前に英語の文献をしっかり読めて、研究をみずから進めていける能力のあることが大前提。難関大学になるほど、そうした先生方の本音の意向は、受験の問題に強く反映される傾向にあります。

それにもうひとつ。そもそも話すにしろ聞くにしろ、英文法や英文解釈の土台がないと無理なのです。きちんと英語を話せない人というのは、まずもって文法がわかっていません。

文法なんて実社会では役に立たないというのは俗説です。私たちが日本語を話すときを考えてもわかりますが、基本的にみんな文法にのっとって話をしています。単に文法用語などを意識しているだけで、『昨日、ハンバーガーは私を食べるでしょう』といった、文法的にメチャクチャなことはいわないはずです。

もちろん多少はくだけた英語になっているにしろ、基本的には文法にのっとっていなければ話が通じないでしょう。とりわけビジネスの現場では、正しい文法を使って話すことが信頼を得るカギです。ネイティブの人たちは、発音よりも文法がしっかりしているかどうかを、信頼に足る人間かどうかのバロメーターにしていますよ。

リスニングについては、その力を伸ばすには英文解釈を強化するにかぎります。文章として読み取れないもの、意味が取れないものを、聞き取ること

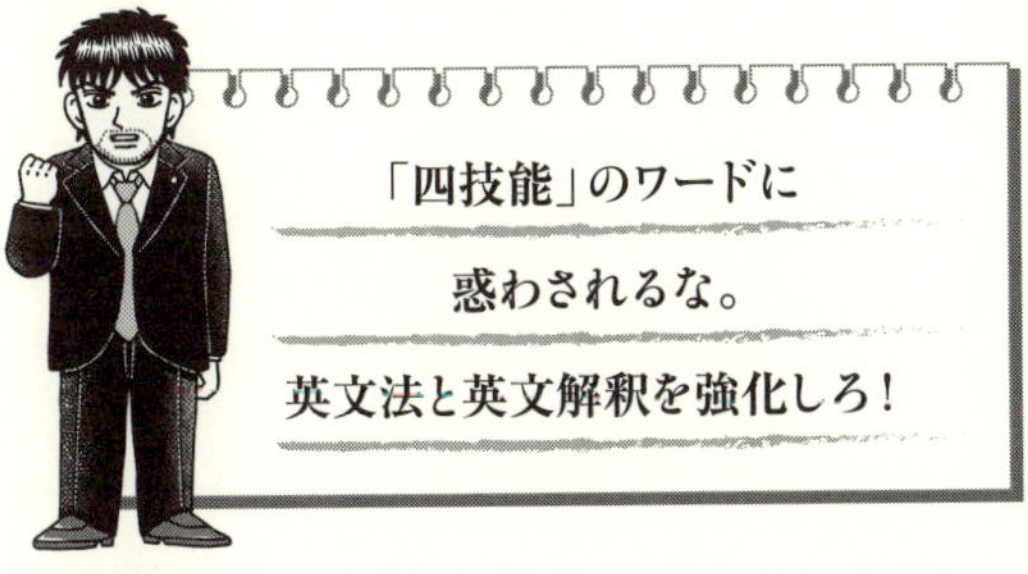
「四技能」のワードに
惑わされるな。
英文法と英文解釈を強化しろ！

などできるはずもないのです。
教育改革、四技能といった仰々しい言葉に振り回されることなく、地に足をつけてしっかり理解しながら、英語を学んでいってほしいと思います」

親はここに着目・注意せよ

英語には単語、文法、すべてのルールに理由と歴史がある。そうした英語に秘められたストーリーを、子どもといっしょに丹念に掘り起こしていけ！

Q 学びの本質って何だと思いますか？

A 「自立する力、そして幸せに生きるための力を吸収すること」だと思います。

そのために、最低限必要な知識と方法論を習得していくことでもあります。残念ながら多くの英語教師は、「自分はこれだけやったから、学び手であるみんなも同じように頑張れ」という精神論に終始しがちですから、学びの本質とは対極に向かっている気がします。どんな知識が必要で、それをどう活用していけばいいのか、といったことを読み取る姿勢で学習を続けることが重要でしょう。

関正生さんがすすめる1冊！

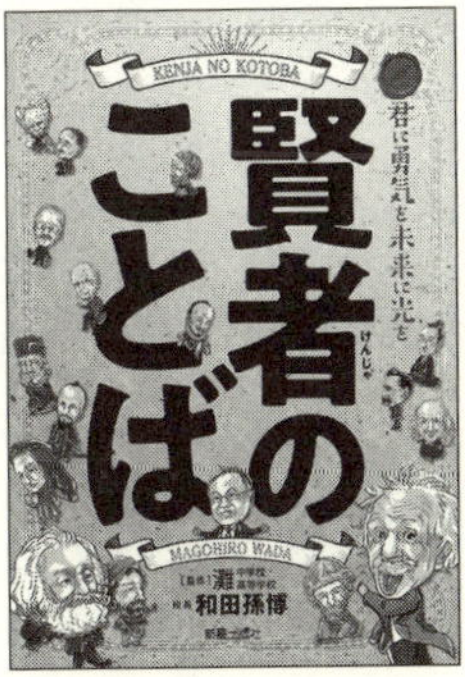

「賢者のことば」
和田孫博・灘中学校高等学校校長
・監修
（新星出版社）

偉人のことば自体は広く知られていても、その意味は意外と説明されないものです（たとえば、パスカルの「人間は考える葦である」の意味をしっかり理解している人は少ないでしょう）。偉人のことばを小学生でもわかるように、さらに子どもが出合いそうな場面で説明してくれているので、とても理解しやすい構成です。人生の糧となることばが見つかるはずです。

教科のつながりを見つけろ。そのためにアクティブラーニングがある！

工学院大学附属中学校・高等学校　中学教頭
髙橋一也

髙橋一也
1980年1月1日、秋田県生まれ。工学院大学附属中学校高等学校・中学教頭。慶應義塾大学・大学院で中世英文学、米国・ジョージア大学教育大学院でインストラクショナル・デザイン、オランダ・ユトレヒト大学大学院にて応用認知心理学を修める。2016年、グローバル・ティーチャー賞のトップ10に日本人として初めて選出される。現在、一般社団法人グローバル・ティチャー・プライズ・ジャパンの代表理事も務める。

日本でいち早く授業に取り入れた

教育改革の一環としてこのごろ盛んに聞く言葉が「アクティブラーニング」だ。従来の一方的な詰め込み式授業ではなくて、学ぶ側が主体性を持って能動的に学習へと取り組めるカリキュラムや授業形態をとるべし、というものだな。

実践例も増えてきているようだが、これをいち早く、本来の意味合いにおいて、高いレベルで取り入れてきた先生がいるぞ。

工学院大学附属中学校・高等学校の中学教頭で、教科としては英語を教えている高橋一也さんだ。


「そうですね、確かにアクティブラーニングとは昨今、よく耳にするようになりました。

でもこの言葉、横文字だから海外では浸透しているのかといえば、じつはそうじゃありません。ほぼ日本でしか聞かないものなんです。

というのも、多くの国ではこれが当たり前のものだから。わざわざ唱えることでもないので、言葉としてもほとんど使われないのが実状です。

それに、アクティブラーニングとは何らかのスキルやメソッドを指すものではありません。考え方、思想のことです。

ですから『こういう方法に則ってやればアクティブラーニングが完成する』といった確立した方法なんてありません。

教える側や学校を運営する側がそれぞれに創意工夫して、主体的で能動的に学べる場をつくっていかないといけないのです」

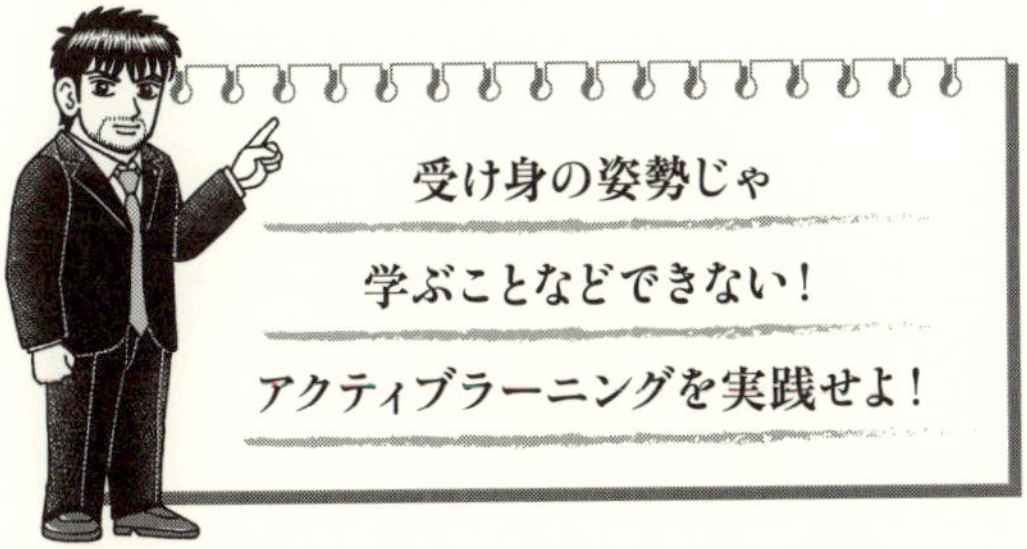
受け身の姿勢じゃ
学ぶことなどできない！
アクティブラーニングを実践せよ！

教育界のノーベル賞、トップ10に選出

なるほど、ならばアクティブラーニングを成立させるには、どういうやり方があるのか。どんな授業ならアクティブラーニングになり得るのか。留意点はどこかなど、ぜひ教えていただこう。

そのあたりをうかがうのに、髙橋さんはまことふさわしい。

なにしろ2016年には、教育界のノーベル賞といわれることもある「グローバル・ティーチャー賞」で、髙橋さんはトップ10に選出された経歴を持つのだ。

「もともと私は米国で、学習科学理論やインストラクショナル・デザイン（最適な学習効果が上がるための計画）などを学んで帰国し、教職に就きました。

主に英語の授業を通して、アクティブラーニングの実践をしてきましたので、その様子をお伝えしましょう」

ICTを駆使して活用の時間を確保

これからの時代に求められる教育、アクティブラーニングはどう進めればいい

のか。

髙橋さんの例を見せてもらおう。そこではＩＣＴ（情報通信技術）を活用したデジタルツールを取り入れるのはもちろん、社会との結びつきも重視して授業が組み立てられている。

「主体的・能動的に学ぶアクティブラーニングの目的を、まずは言い換えておきましょう。従来の知識偏重の教育は『知っている』状態になることを評価していましたが、その目標を『理解する』状態へと変える必要があります。知っているだけじゃなくて理解したというには、ものごとをより具体的にとらえて、自在に使いこなせるようにならなければいけません。

そこで私はまず、ＩＣＴをフル活用します。

たとえば通常の授業でよく見られる板書の書き写し、これは時間短縮のために省略します。覚えなければいけない事項は、事前に生徒へデジタルツールを通じて配布しておけばいいので。授業でもタブレットを活用して、共有する知識のやりとりは手間をかけずにおこないます。

そうして文法や英単語など最低限覚えなければならない事柄は、通常なら50分かけて解説などするところを20分ほどに凝縮。残りの30分を覚えた知識を理解し活用するためのグループ学習やディベートにあてます」

「知っている」だけじゃ足りない！
知識は理解し使えなければ
意味がないぞ！

英語の時間に気候の調べ学習!?

日本全国どこでも見られる英語の授業風景、先生が板書をして生徒がそれを書き写したり、生徒を順に指名して長文を一文ずつ訳していったりというような様子とは、髙橋さんの授業はずいぶん異なる。

文法、単語、長文読解などに取り組むのは授業の一部であって、メインはどちらかといえば話し合いや発表の時間となる。

たとえば中学の英語でブリザードをテーマにした文章が出てくれば、世界の気候について生徒たちが調べる課題を出す。そうしてある気候の土地ではどんな住居がふさわしいか、レゴブロックを使って表現してもらうのだ。

生徒は自分たちがつくり上げたレゴ作品をもとに、なぜこの形態にしたのか、どこに着目したかを英作文で発表する。その過程で、英語の運用能力を身につけていくわけである。

確かにこれなら、英語で必要なことを伝えようという意欲が、生徒の側からごく自然に湧いてきそうに思えるな。

レゴを使っていいたいことを見える化する

レゴを持ち出すというのは、何も奇をてらうとか、遊び心からというだけじゃない。

「レゴでいったんいいたいことをかたちにするというのは、英語は、いえ言葉そのものは、自分の考えを表現する道具であるということを明確に感じさせる過程でもあるのです。

言葉とは何かを伝えるためにうまく使うものであり、それがときに日本語、場合によっては英語だということ。そう実感できれば、語学を学ぶ意味も深く理解できるはずです」

そうだ、意義や意味を納得できればこそ、主体的な学習意欲も湧くというものだろう。

リアルな社会問題を取り上げ意欲を高める

髙橋さんの授業では、かようにディベートやグループでの調べ学習などを多く取り入れるのだが、そのときの題材選びも重要だ。

難民問題など、世界中で現実に起きている、喫緊の話題を取り上げるのが基本となっている。

「"This is a pen."のような意味のない英文を覚えることに、主体的で能動的になれといっても無理でしょうからね。

理解したい、使ってみたいと思える内容で学ばなければ、意欲を保てといわれても難しい。学校の現場ではとかく現実の社会とリンクしている生々しい事象を避ける傾向にありますが、むしろ逆にするべき。できるだけリアルで時代性のある、そして生徒たちが自然に関心を持つ内容を扱ったほうが効果的です。

考えてみてください、教室の内側に閉じこもっている知識なんて、そこから一歩でも外に出たら通用しません。扉を開けて、どんどん積極的に社会とつながってこそ意味がある学びができるはず。学びは常に拡張性を意識して

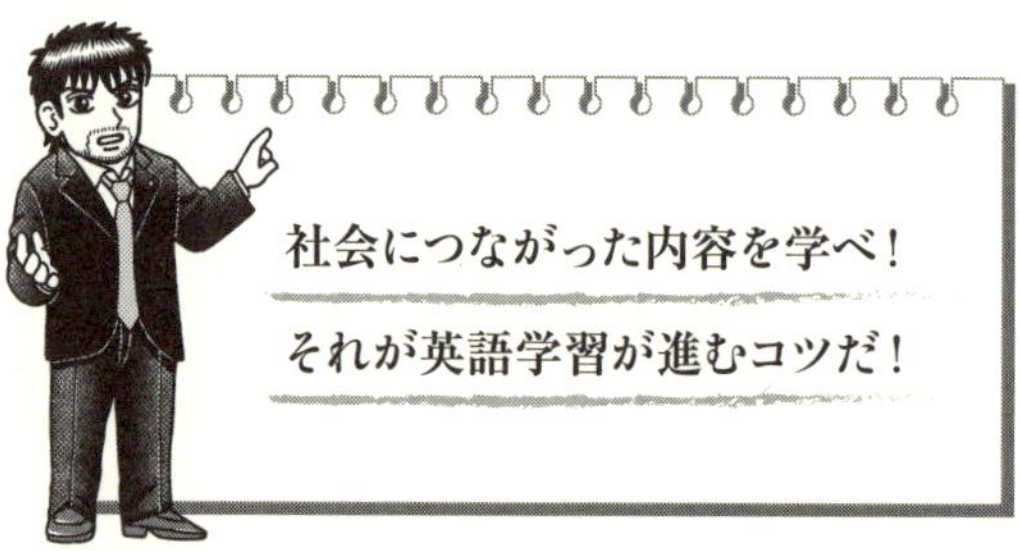
社会につながった内容を学べ！
それが英語学習が進むコツだ！

おかなければいけません」

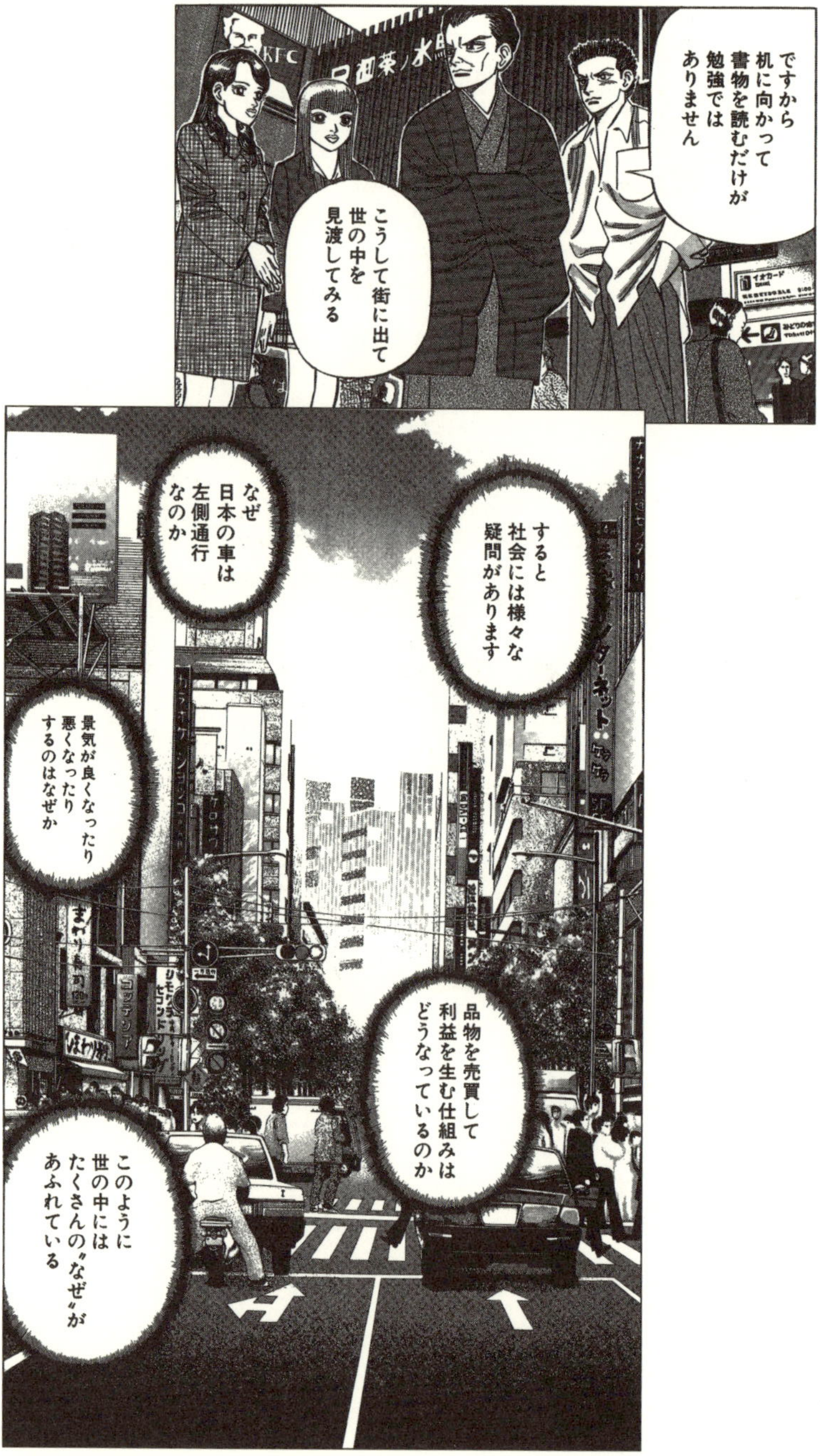
ですから机に向かって書物を読むだけが勉強ではありません
こうして街に出て世の中を見渡してみる
すると社会には様々な疑問があります
なぜ日本の車は左側通行なのか
景気が良くなったり悪くなったりするのはなぜか
品物を売買して利益を生む仕組みはどうなっているのか
このように世の中にはたくさんの〝なぜ〟があふれている

「ドラゴン桜」パート１から

思えば教育の現場だって社会の一部だ。時代に応じて変化していくのは当然のことだな。

教える側も学ぶ側も、昔ながらのやりかたをただ踏襲しているというのではまずい。そんな危機感を抱くべきだというのが、髙橋さんの教えなのだ。

基礎→応用の流れをあえてくずす

現実世界でリアルに起きていることを題材に、英語の授業を進めていくのが高橋さんのやりかただと紹介した。

が、そうしたやりかたには反発も伴いそうだ。

いきなり応用問題を生徒に押しつけるのはよくない、基礎的な学力を網羅的に押さえてからでないと、浮ついた知識しか習得できないではないか、などと。

「そうした考えも根強いとは思います。学校ではまずはとにかく基礎をしっかり修めましょうという発想ですね。

でも、考えてみれば勉強は『基礎＝つまらない反復練習』→『応用＝創造力を駆使した実践』という道筋をたどらねばならないというのは、あまり根拠がないのではないか。

いきなり応用に
取り組んでしまってかまわないんだ！
創造力を駆使して「知」を応用せよ。

そうした順序を守っていては、基礎ができたあとでいざ創造力を発揮して応用をしようと思っても、そのやりかたすらわからない。応用の方法を学校でまったく学んでいないようでは、そうなってしまうのが必然ですよね。私は日本の学校をもっと、子どもの創造力がちゃんと重視される場にしていきたいのです」

先生はファシリテーター&コーチであるべし

教える側がしっかりと学び、もっと体制を整えるべきなのだ。そうすれば学校は、浮世離れした基礎だけを教える場から脱却できるはずと、髙橋さんはいうぞ。

「そうです、アクティブラーニングを機能させていくには、先生の側の努力や能力がぜひとも必要です。教えるべき知識をぎゅっと凝縮して伝えるティーチングの力を、まずは研ぎ澄ませる。そのうえで知を『理解する』段階へ進めるための授業内容をデザインしてプロデュースしなければいけない。生徒たちが自主的に学びを進めていけるよう、うまく導く(*)ファシリテー

(*)ファシリテーター　グループ学習などの進行役。あくまで中立的な立場から活動を支援し、自ら意見を述べたり意思決定に加わったりすることはない。客観的な立場から適切なサポートを行うことで、参加者に主体性を持たせることができるとされる。

ターの役も担わなければいけませんし、授業で生徒たちが進めた思考をフィードバックしてあげるコーチの役割も重要です」

つまりこれからは、先生がひとりで何役もこなさなければいけないのだ。確かにそこまでできなければ、ＡＩによって配信される画像を見せておいたほうが、能率も効率もいいということになってしまいかねないな。

「アクティブラーニングにしっかり取り組むといいのは、先生も大いに成長できるからです。これからの先生という存在は、相対的にものを知っている人というだけにとどまっていては務まりません。『学びの共同体』とでもいうべき場をつくり上げ、そこに生徒たちを楽しく参入させて、同時に自分もその場に飛び込んでいく姿勢が求められるんじゃないでしょうか」

教師という職業のイメージがずいぶん変わってしまいそうだ。けれど、髙橋さんが示すこれからの教師像のほうが、やりがいも感じられて楽しそうにも思えるじゃないか。

「もちろんここで使った先生という言葉を、親と置き換えることも可能ですね。ぜひ一考していただければ」

詰め込み学習は効果なし

あるべきアクティブラーニングのかたちを教えてもらってきたが、ここでひとつ疑問に思う。ではアクティブラーニングに注力したほうが、本当に学力は伸びるのかどうかという点だ。

英語でいえば、脇目もふらず単語を覚え文法を身に染み込ませたほうが、受験には有効なのではないか……。

「そう考えてしまうのもわかりますが、人がどう学習するのかという最新の研究によると、詰め込み式がさほど効率的ではないという知見もいまは多く出ています。むしろコンテンツ込みで学ぶ『内容統合型学習』の効用が注目されていますよ。

それにこれからは、単に受験に通りさえすればいいだろうかという問題もある。知識を一時的に詰め込んで、たとえ東大に受かったとしても、そのままでは論文ひとつまともに書けないようなことになってしまう恐れがあります。

大学に入ってからも、卒業して社会に出てからも、これからの時代は自分で学び続けることが必要です。そういう社会になっていくと予想されるからこそ、主体的かつ能動的な学びを唱えた教育改革がおこなわれる予定なのですよね。

ならば小・中・高校で学ぶうちから、知識を仕入れるだけじゃなく理解し活用できる学びを積み重ねていかなければ」

正解を求めるのをやめよう

学ぶ側の生徒としては、学校の授業の進歩を待たず、みずからアクティブラーニングへと踏み出していく方策はあるだろうか。

「ひとつは、何事もすぐに正解を求めないようにすること。

マークシート式のテストには答えがひとつしかありませんが、現実には問いに対する答えは常にいろいろ用意されている。

数学の単純な計算問題だって、解に至るプロセスはたくさんあるものですよね。

そこに目を向けて、一応の答えが出てもそこで考えることをやめず、あれこれ思考を巡らせてみるような姿勢が重要です。

英語なら、構文を丸ごと覚え込むのもいいですが、たとえば漫画の吹き出しの中のセリフを英語にしてみたり、好きな英語の曲を覚えて人前で歌ってみたりすると、状況に応じた生きた英語を考える練習になります。

アクティブラーニングという言葉とともに、プレイフルラーニングにすることも意識するといいのではないでしょうか。

つまりは、楽しく学ぶことを心がける。

そのほうがモチベーションが高まるのは明らかですし、無理やり知識を詰め込むよりも、じつはかなり効率的だったりするものですよ」

学びを楽しんでしまえという考え、ぜひ実践してみたいところだ。

親はここに着目・注意せよ

社会とつながり、楽しく学ぶ。アクティブラーニングの手法を家庭でも導入せよ！

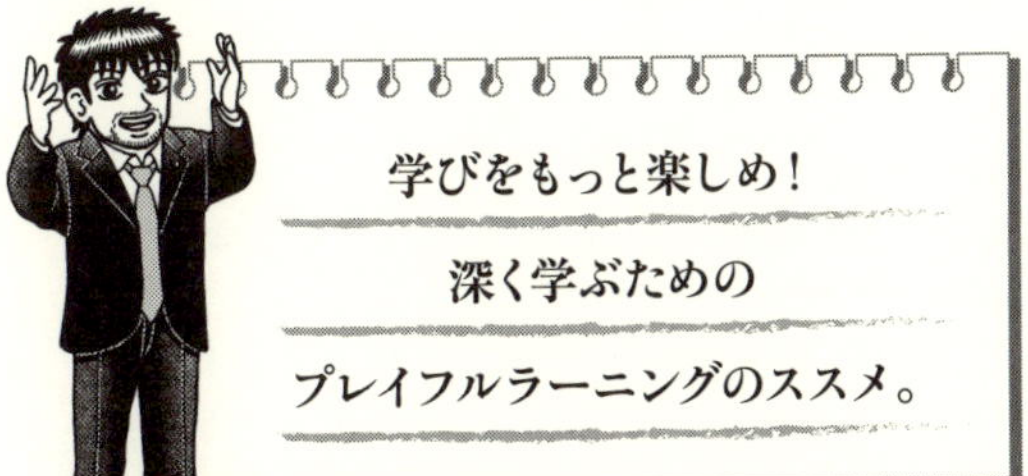
学びをもっと楽しめ！
深く学ぶための
プレイフルラーニングのススメ。

Q 学びの本質って何だと思いますか?

A 昨今の教育改革が掲げる最大のポイント、そして、ダボス会議などでも話題にのぼるテーマは「答えが決まっていない問いを探求する力」です。

しかし、みなさんが困惑するのは、いったい全体この探究心をどうやって育むのか、ということではないでしょうか。

認知心理学では探究心は好奇心(内的動機)から生まれるものと考えられています。そして、この好奇心は「遊び」を通じて身につくということまでわかっています。

スイスの心理学者ピアジェは、遊びの観察を通じてより高度な思考が発達することを発見しました。つまり、遊びは好奇心の母であり、人を夢中にさせる原動力なのです。

大学受験までの勉強と大学での学びは本質的に異なります。大学は答えのない学びをするところであり、夢中になって探求できるかが重要となります。

ぜひ、今日から自分が夢中になれるものは何だろうかと、考えてみてください。探求する力とは、学びを思いっきり楽しめる力のことなのです。

髙橋一也さんがすすめる1冊！

「日本の歴史を
よみなおす（全）」
網野善彦
（ちくま学芸文庫）

日本の歴史学研究に衝撃を与えた本です。基本的に歴史の本というのは重要な出来事、そして、それに関係する社会背景を書き連ねるものです。しかし、網野先生はまったく重要と考えられなかった農民や悪党などの生活状況から、社会背景を類推して歴史の全体像を描く試みをしました。つまり、私たちが当たり前だと思っている日本史は、「文字を書くことができた一部の人々」のもので、日本全体の歴史ではないのです。この本から学ぶことのできる重要なポイントは、「当たり前を疑う」ということです。

じつは、この考えは何も歴史だけではなく、心理学や哲学の分野にも通じます。哲学ではフーコーというフランスの哲学者が「常識の起源」を研究したり、心理学では「人の価値観の成り立ち」を調べたりします。自分の思い込みを疑ってみること、自分の常識がいつ・どのようにつくられたのか振り返ってみること、そうすれば世界を見る目がより豊かになりますよ。

HR

6時間目

千代田区立麹町中学校校長
工藤勇一

理想と目標を明確にして進めば子どもは変わる。実践例から学べ！

千代田区立麹町中学校校長

工藤勇一

工藤勇一
1960年、山形県鶴岡市生まれ。数学教諭。千代田区立麹町中学校校長。東京理科大学理学部（応用数学科）を卒業後、山形県の公立中学校で教える。その後、東京都の公立中学校でも教鞭を執り、東京都教育委員会、目黒区教育委員会を経て、新宿区教育委員会教育指導課長などを務める。2014年から千代田区立麹町中学校校長に就任、数々の改革をおこなう。出演番組は「カンブリア宮殿」など。主な著書に『学校の「当たり前」をやめた。』（時事通信社）などがある。

宿題、テスト、担任制を廃止。斬新な改革で成果

東京・千代田区立麹町中学校。この名前、聞き覚えある向きも多いだろう。中間・期末テストはしない、宿題を出さない、固定担任制はやめる、服装頭髪指導をおこなわないこととし、生徒、教員、保護者がそれぞれ自律した主体となることを標榜して、大きな話題と成果を挙げた公立中学校である。

２０１４年に校長に就任し、この改革をなしたのが工藤勇一さんだ。国会や最高裁判所がすぐそばの一等地にある麹町中学校の校長室へ話をうかがいに行ったところ、真っ先に、麹町中学校が２０１９年に発行した「学校だより」を、うれしそうに見せてくれたぞ。

「今日は僕たちの3年間を振り返って、２つの話をしたいと思います」

「学校だより」には、こんな出だしの長い文章が載っている。「第71期　卒業生の言葉」と題されたものだ。前年度の卒業式で、卒業生代表の生徒会長が壇上でしたスピーチが、丸ごと載っているんだ。扱うテーマの数量を冒頭で明示するところなど、スピーチのポイントを押さえていてみごとだな。続けて、

「最初の話は『リスペクト』です」「この学校では何度も聞いた言葉だと思います」

と、スピーチは展開し、癖の強い卒業生がたくさんいた実例を挙げたうえで、個性やチャレンジを尊重できる環境で中学生活を過ごせたことに感謝するのだ。

そして、もうひとつの話へとスピーチは移る。「ゴール」、つまり目標について話題が転換されるのだ。その年の体育祭の目標は「全員が楽しめる体育祭」だったので、「全員リレー」という種目をやらない判断をしたという。運動が得意じゃない生徒からの少数意見を尊重してのことだ。

こうして自分たちが中学校で学んだ成果を披露したのち、周りへの感謝の言葉で締めくくる……。文面を読むだけでも涙腺が刺激されるいいスピーチだ。

「実際には、プレゼンテーションとしても完璧だったんですよ。ヘッドセットをつけて、Appleのスティーブ・ジョブズのように歩きながら、堂々と。もともと人前で話すのが少し苦手な生徒会長だったのに、最後にはバッチリ決めてくれました」

改革を成し遂げた中学校といえば聞こえはいいが、定期テストもなければ風紀検査もしないようで学校運営が本当にうまくいくのか、生徒をうまく指導できるのか？との疑問はどうしても湧いてくる。その疑問への答えとしては、先ほど紹介した卒業式での生徒のふるまいを挙げていいだろう。ビジネスパーソンも顔負けのプレゼンテーションができてしまうほどに、麹町中学校の生徒たちは自律した存在に育って卒業していくのだ。

うわさのスーパー公立中学校では何が起きているのか？

教育は民主的で平和な社会を保つためにある

どのようにして公立中学校での改革が実現したのかといえば、

「シンプルな話ですよ。最上位の目標を忘れないようにして、そこへ向かって進む。その際には目的と手段を取りちがえないように注意すればいいだけなんです」

麹町中学校の方針は、この原則に沿ってできていると、工藤さんは教えてくれた。

「持続可能なかたちで、民主的で平和な社会を保つこと。それが私たちすべてにとって最上位の目標であることを疑う人は、少ないんじゃないでしょうか？

そんな社会を実現するための礎として、学校教育というものはあるはずです。ならば、その目標へと進むための手段を着々と講じていくしか道はありません。

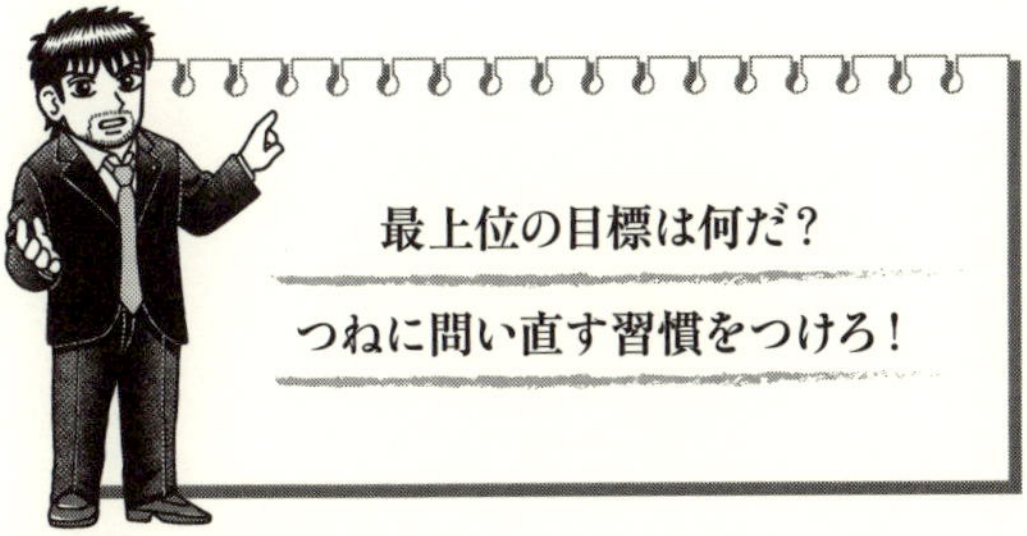
最上位の目標は何だ？
つねに問い直す習慣をつけろ！

人類社会の目標へと進むには、一人ひとりが自律して主体的に行動することが必須です。となれば、教育とは子どもにそういう力を身につけさせるためのものとなります」

子ども本来の主体性を奪う日本の学校

「そもそも子どもというのは、主体的な生きもののはずです。赤ん坊のときから幼児までは、自分の興味のあるものに反応しながらみずから学んで、できることを増やしていくじゃないですか。それなのに、幼稚園などに入るとたんに、『みんな仲よく』『みんないっしょに』などといわれ、自分の思いを殺すことを覚えさせられる。

小学校に入ればその流れは一挙に加速します。先生の話をよく聞きなさい。手はおひざの上ですよ、と。するとそのうち子どもの中には、先生の話や親の話をよく聞くのが何より大事なんだという軸ができていきます。

それをいつも守るかどうかはともかく、『自分で考えて判断したりせず、大人のいうことを素直に聞くのがふつうだし、いいことなんだ』と刷り込まれていくわけです。その時点で、子どもの中の主体性は奪われてしまいますね。そのまま中学校から大学までも、同じ路線の延長線上で進んでいきます。

日本で育ったいていの子どもが陥ってしまうこの思い込みを、なんとか外していかなければいけない。麹町中学校でやっているのは、ただそれだけ。シンプルな話だというのはそういうことです」

課題のある子も多く、1年半はリセットに注力

麹町中学校は公立校なので、生徒は選抜を経て入ってきた特別な子どもたちというわけではない。日本の教育に染まり、主体性を奪われた状態で入学してくる子も多い。ほかの中学校と同じように、麹町中学校でも新入生を受け入れた時点では毎年、課題が山積した状態であると工藤さんはいう。

確かにかつては「番町麹町日比谷東大」という言葉まであったものだ。公立で教育を受けるのが主流だった昭和のころあたりまでは、番町小学校〜麹町中学校〜日比谷高校〜東京大学という学歴こそ、エリート中のエリートとされたのである。

が、時代はすでに移っている。特別ではない地元の子どもたちが入学してくる現在の麹町中学校では入学間もないころ、「中学受験の勉強をたくさんやらされたけど落ちてしまった、もう勉強なんてしたくない」「大人は嫌い、とにかくいうことは聞きたくない」といった姿も見られる。

ストレスからくる攻撃性が、同級生や教師に向かってしまう例だってある。

「自分を好きになれなかったり、何らかの劣等感を抱いたりしていると、何かほかの人やモノのせいにしないとやりきれなくなってしまうのですね。うちではそこを1年から1年半かけて、リセットしていきます。

要となる行事はいくつもあって、まずは入学して1か月後に千葉の南房総でオリエンテーション合宿をします。プログラムは、教員と生徒の信頼関係づくりを促す活動ばかり。チームで協力して乗り越えるアウトドアゲーム、本音で話し合う場のグループエンカウンターなどです。

他校のオリエンテーション合宿は学習規律、生活規律、集団行動を植えつけるための機会とすることが多いようです。たとえば時間厳守を徹底させるため、朝はラジオ体操をするからどこそこに何時に集まれと。

一見問題ないようですが、その方法だと、子どもたちの最上位目標が『時間を守る』ということになってしまう。本来なら最上位目標は、人権を守るとか、自分がやられて嫌なことは人にしないといったことであるべきなのに。

しかも強制されたり怒鳴られたりしながらのことが多いので、子どもはどうしても『怒鳴られないためにはどうするか』を真っ先に考えることとなっていきます」

目的と手段をはきちがえない指導を意識

日ごろの学校生活でも、服装頭髪検査はしない。そこを厳しく統制するのに時間と労力を使うことは意味がないとの判断からだ。本質ではないところで叱っていると、生徒が先生を信用しなくなる要因にもなると工藤さんは考えるのだ。

宿題についても同様だ。宿題を出すと、それをこなすことが目的になってしまう。結果、もうしっかり理解している内容でも、宿題だからとまた繰り返さないといけなかったり、わからない範囲があるのに宿題じゃないからといってやらなかったりということが起こり得る。

「宿題となれば、花という漢字をすでに知っていたとしても、花という漢字を30回書かなければいけない。徒労ですよね。考えてみてください、すでに知っている花という字を、何の疑問も持たずまた30回書く子どもが、みずから進んで課題解決のできる大人になれるでしょうか。

主体性を奪いかねない宿題は、麹町中学校では出すことはしません」

頭髪検査は必要か？
宿題はどうだ？
頭の中でイチから問い直せ！

中学版・企業研修で自分の言葉で話すスキルを磨く

麹町中学校では、授業中もその他の時間でも、先生が生徒を叱ることはまれで、内容もかぎられる。人権、命、犯罪に関わることについては厳しくあたるものの、そのほかの余計なことを叱ったりはしない。

叱られるから直す、叱られたからやる、という行動原理が染みついた生徒にはとまどいも大きいようだが、徐々に「リセット」が進んでいく。

「体育祭、文化祭も生徒の自主性に委ねられています。さらには2年生の夏前には『スキルアップ宿泊』があります。2泊3日で徹底してグループ活動をおこなうものです。僕のアイデアで始めたのですが、企業研修の中学生版と考えていただけるといいでしょう。グループごとに分かれて、課されるミッションに取り組んでいきます。

KJ法やマインドマップといった思考ツールを用いて、グループ内で対話を進め、アイデアの拡散・収束を繰り返しながら意見を集約していき、最後にはプレゼンテーションをします。

この行事を通じて生徒は、意見の対立があるのは当たり前、その際には対

「自分の言葉」で
語れるスキルが
子どもを伸ばすポイントだ！

話を試みて合意形成をすること、そうなると『自分の言葉』で話せるというスキルが、生きていくうえでいかに重要かということを学んでいきます」

全員担任制で明確になった子どものためにという目的

生徒に自律と成長を促すからには、当然ながら教員の側にも同じことが求められる。過去を踏襲して、去年や一昨年と同じ授業や指導をするような態度ではいられない。

「そうですね、先生たちも成長していっているんだと思います。常に学び続けていますしね。ただ、教員になる人というのはもともと学ぶのが好きですから、ストレスはないと思いますよ。

全員担任制をとっているのも、教員の側からするとかなりやりやすいはずです。無理な競争原理が働かず、ほかの教員に勝とうとしなくていいので、『教員は子どものために』という目的が明確になります。いかにスムーズに手厚く、子どもの支援やケアをできるかと考えた場合、全員担任制のほうが明らかに優れていますよ」

学ぶ側も教える側もともに成長していく……。確かにそれが教育現場の理想のありかただろう。理想に近づくため、変えるべきことは躊躇なく変えていく。それが工藤さんの流儀というわけだ。

「ドラゴン桜２」から

教育現場の「当たり前」を疑ってみる

こうなると不思議なのは、ほかにはない改革を続々と打ち出す工藤さんの頭の中だ。なぜ、かくもたくさんアイデアが生まれ、それを実行するノウハウを思いつくのか。

「かつて教員として教壇に立っていたころから、教育の現場で起こる問題に、ひとつずつ解答を探し続けてきました。どうしたら教育を本当に変えてそれを日本中に広められるか、ストーリーをずっと考えてきたのです。

自分なりに道筋が見つかったのは、10年くらい前でしょうか。それを現在、実践しているところです。

私が教員生活を始めたのは山形県でのこと。5年間勤めたのち、東京へ移りました。地域によるちがいを実感できたのも大きかったですよ。山形では問題なかったことが東京ではダメとされることも多かったので。『置き勉』という概念は、東京へ来て初めて知りました。教科書をはじめ勉強道具を学校に置いていってはいけないという決まりごとですね。なぜダメなのか、まったく理解ができませんでした。

倒れる子が頻出しているのに、朝礼を立ったままやることも疑問でした。倒れるのがわかっているなら座らせればいいじゃないですか。これも結局、目的がすり替わってしまっている。忍耐させることが教育ということになってしまっているのです。

変えたいところはたくさん見えてくるけれど、一教員ではすぐにものごとを変えられない。まずは子どもたち、保護者、教員仲間からの信頼を積み重ねるしかありませんでした。

校長になろうと決めたのは38歳のころでした。一国一城の主になりたいというのではなく、日本中の教育を変える第一歩としての実践ができると思ったからです。

校長というのは、教育を変えるには最高の立場なんですよ。プレイングマネジャーだし、子どもや保護者にも直接やりとりできる。単独でもグループでもいろんな研究ができるし、学校にどんな人でも集うことができます。そこに集う人間をみな当事者に変えていけばいいのですから」

子どもが生まれたときの喜びを親は忘れないで

かねて抱いてきた理想が、こうして一つひとつ具現化しているわけだ。

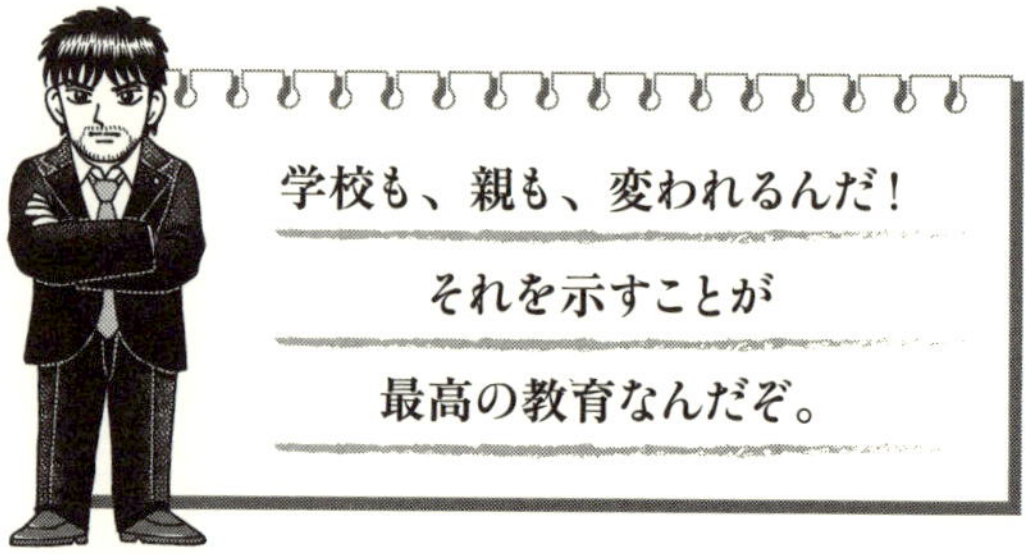
学校も、親も、変われるんだ！
それを示すことが
最高の教育なんだぞ。

学校は変わり得るということを示してくれた工藤さんから、親へのアドバイスがあるとしたらどんなことだろうか。

「子どもが生まれたときの喜び、あの幸せな気持ちを忘れないでいましょうと改めていいたいですね。ほかの子と比べたり、または自分自身ができなかったことをわが子に投影して託したりするために、育ててきたわけではありませんよね。

子どもにみずから成長する力を身につけさせたいなら、親も初心に立ち返るよう努めたいところです」

親はここに着目・注意せよ

主体性を持ち、自律することを子どもに促せ！　そうした「生きる姿勢」さえ身につけば、勉強の習慣や成績アップなんてあとからついてくる。本当に簡単なことだ！

Q 学びの本質って何だと思いますか?

A 科学技術が急激に進歩し、未来の働く姿がますます見えない世の中になっています。また、世界はよりグローバル化し、さまざまな問題が自分の国だけで解決できない時代になってきています。そうした時代だからこそ、教育の不易の目標である「自分で考えて自分で行動できる力」や「ちがいを受け入れ、他者を尊重できる力」を身につけていってほしいと思います。

工藤勇一さんがすすめる1冊!

自分の好きな本を読んでほしいと思います。

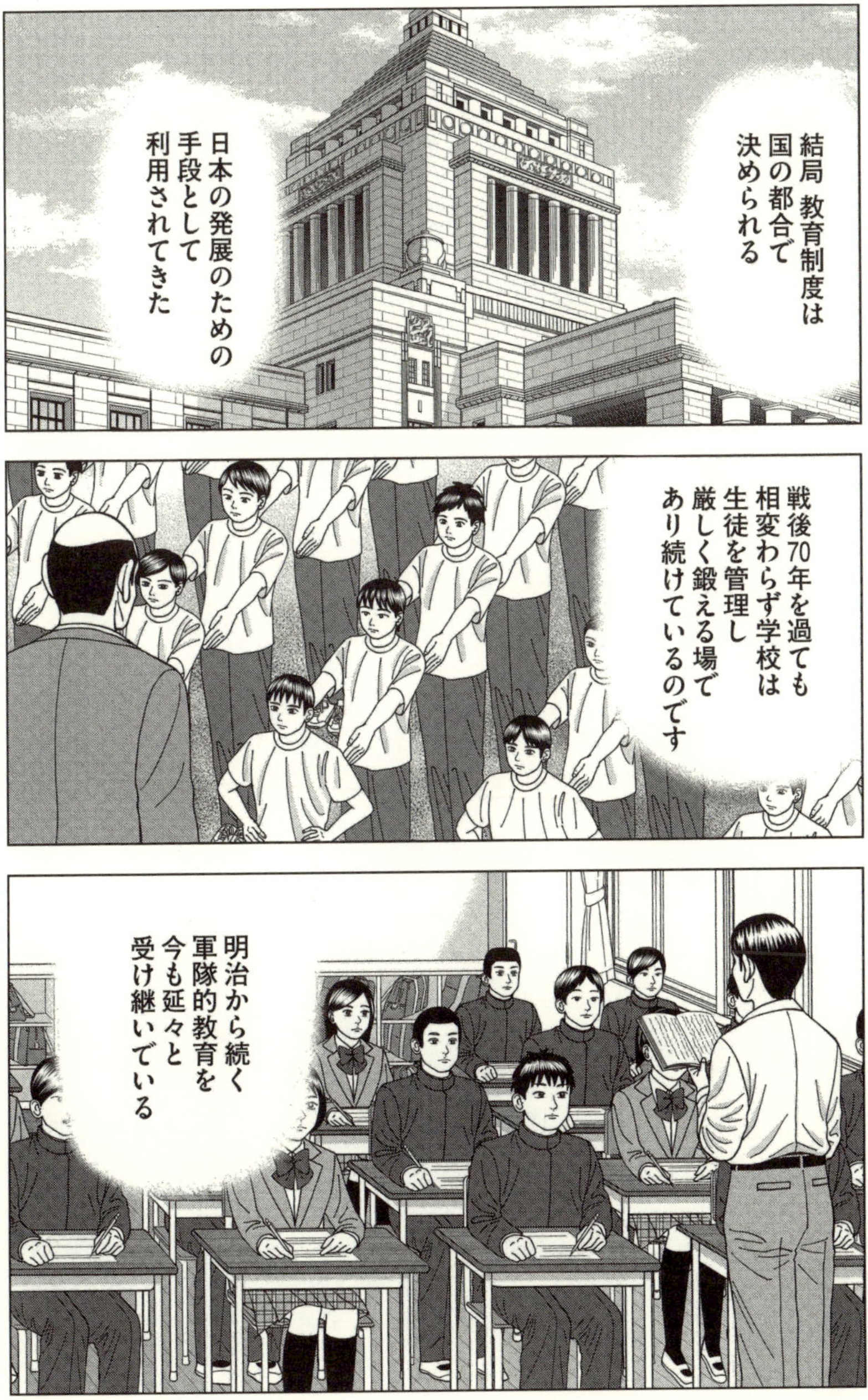
結局 教育制度は国の都合で決められる
日本の発展のための手段として利用されてきた
戦後70年を過ても相変わらず学校は生徒を管理し厳しく鍛える場であり続けているのです
明治から続く軍隊的教育を今も延々と受け継いでいる

赤組
白組
203
197
運動会の起源は
海軍兵学寮で
開催された競闘遊戯《きょうとうゆうぎ》会
戦時中は戦争を想定した
競技が導入された
遠足は
軍隊の徒歩行進「行軍《こうぐん》」が由来
「組」や「班」は「分隊」より
小さな編成単位で
軍事行動の円滑化が目的
「気をつけ」「前ならえ」などは
兵式体操の名残り
ランドセルは兵隊の
「背嚢《はいのう》」がモデル
他にも制服や朝礼など
軍事教練が起源とされるものが
21世紀の今も続けられている

続けられている
理由は２つ
今さら変えるのは
面倒くさいから
そして
誰も疑問を
持たないから
もちろん私は
古いものを全て
否定するつもりは
ありません
古典芸能や
祭礼神事など
日本古来の
文化的遺産は
しっかりと
守っていくべきだと
思っています

伝統と書いて
ゴミと読むのです
ゴミ……
さっさと
なくしたほうが
人は幸福になります

龍山《りゅうざん》高校では
今年中に
軍隊を起源とする
行事や風習は
全て廃止します
全て
ええ……
学校の雰囲気は
一変します
ルールは
時代に合わせ
どんどん
変えていいのです
合理的で
機能的に
合理的で
機能的……

ですから親御さんも過去の考えや古い一般論は捨てて下さい
どんどん捨てるクセをつけて下さい
捨てるクセ……
子供を厳しく育てる教育法は戦前の遺物
現代社会ではただのゴミです

「ドラゴン桜２」から

「ドラゴン桜２」
著者は漫画家・三田紀房氏。東大受験漫画『ドラゴン桜』の続編。底辺校から中堅校に成長したものの、再び落ちぶれつつある龍山高校が舞台。弁護士・桜木建二が生徒たちを東大に合格させるべく、熱血指導するさまを描く。教育関係者らへの取材をもとに、実用的な受験テクニックや勉強法をふんだんに紹介している。雑誌「モーニング」（講談社）、「ドラゴン桜公式マガジン」（note）で連載中。

ライター・山内宏泰
主な著書に、『ドラゴン桜・桜木建二の東大合格徹底指南』（宝島社）、『上野に行って２時間で学びなおす西洋絵画史』（星海社新書）、『文学とワイン』（青幻舎）などがある。

※本書に掲載している漫画は一部、「ドラゴン桜」パート１からも抜粋しています。

親が知っておきたい
学びの本質の教科書——教科別編

2019年10月31日　初版第1刷発行
2019年11月20日　　　第2刷発行

著　山内宏泰
漫画　三田紀房
編集協力　岡本真帆／コルク
ブックデザイン　坂野公一／welle design

編集　渡辺真理子（編集協力・戸井田紗耶香）
DTP　横山千里

発行者　植田幸司
発行所　朝日学生新聞社
〒104－8433
東京都中央区築地5-3-2 朝日新聞社新館9階
電話 03-3545-5436（出版部）
www.asagaku.jp（朝日学生新聞社の出版案内など）

印刷所　株式会社シナノパブリッシングプレス

ISBN978-4-909064-81-3　C0095

本書は、LINENEWS朝日こども新聞「ドラゴン桜2×朝日小学生新聞&朝日中高生新聞『桜木建二が教える 大人にも子どもにも役立つ 2020年教育改革・キソ学力のひみつ』」連載と、朝日新聞EduA転載分を加筆修正してまとめたものです。